21世纪高等院校艺术设计系列实用规划教材

设计透视学

主　编　薛　青　范文龙

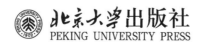

内 容 简 介

"设计透视学"是工业设计、艺术设计、建筑设计、城市规划等学科专业的基础课程之一,是表现工程技术人员设计思想的理论基础。它作为一门专业基础课,主要作用是辅助设计、表现设计、表达设计构思,使学生掌握透视原理和透视画法,客观准确地表达设计方案,协助设计工作顺利开展。

本书的编写本着由简及繁、循序渐进的原则,将教学内容分为十个章节(约52课时),即透视概念、透视的基本知识、基本几何元素的透视、平行透视及其画法、成角透视及其画法、斜面透视及其画法、倾斜画面的透视及其画法、透视阴影、虚影透视和透视与设计。

本书既可作为高等院校工业设计、艺术设计、建筑设计与城市规划等专业的设计类基础课程教材,也可作为广大从事设计和相关领域工作人员的参考用书。

图书在版编目(CIP)数据

设计透视学/薛青,范文龙主编. —北京:北京大学出版社,2014.9
(21 世纪高等院校艺术设计系列实用规划教材)
ISBN 978-7-301-24618-4

Ⅰ.①设… Ⅱ.①薛…②范… Ⅲ.①透视学—高等学校—教材 Ⅳ.①J062

中国版本图书馆 CIP 数据核字(2014)第 185288 号

书　　　名:	设计透视学
著作责任者:	薛　青　范文龙　主编
策 划 编 辑:	孙　明
责 任 编 辑:	李瑞芳
标 准 书 号:	ISBN 978-7-301-24618-4/J•0608
出 版 发 行:	北京大学出版社
地　　　址:	北京市海淀区成府路 205 号　100871
网　　　址:	http://www.pup.cn　新浪官方微博:@北京大学出版社
电 子 信 箱:	pup_6@163.com
电　　　话:	邮购部 62752015　发行部 62750672　编辑部 62750667　出版部 62754962
印 刷 者:	三河市北燕印装有限公司
经 销 者:	新华书店
	787 毫米×1092 毫米　16 开本　12.5 印张　294 千字
	2014 年 9 月第 1 版　2021 年 1 月第 4 次印刷
定　　　价:	29.00 元

未经许可,不得以任何方式复制或抄袭本书之部分或全部内容。
版权所有,侵权必究
举报电话:010-62752024　电子信箱:fd@pup.pku.edu.cn

前　言

　　21世纪是设计创意繁荣的时代，世界的空前发展无不归功于"设计创意"。它表达的是知识经济社会中人的思维价值的创造。当今世界各国在政治、经济、军事、科学技术等方面的激烈竞争，其中也蕴含着对设计创意人才的竞争。这种局势也使中国更加坚定地努力将"中国制造"转变为"中国创造"，从而以充足的实力实现"中国梦"。对于设计领域而言，设计是时尚之源，推动并改变着人们的生活方式和思想观念，是社会进步的助推剂。

　　当今中国并不缺乏设计人才，设计专业几乎遍布国内的各所高校，培养出的设计人才层出不穷，但与国际上对比，我国的设计人才和设计创意作品实在是势单力薄，不能相提并论。这种现象的根本弊端在于国内传统的设计教育模式。如何培养出高素质的设计人才，对高等学校设计专业教育的发展既是推动，也是挑战。

　　与以往的《透视学》《设计透视方法学》教材相比，本书更加注重从创意学的表达角度对设计透视基本知识、原理、方法加以阐释；更加突出对学生空间形象思维能力、逻辑推理能力和设计表达能力的培养；更加倾向于对"教""学"与"练"融合互动的促进；更加强调以设计透视案例、例题分析讲解、习题练习相互结合进行分析、阐述。通过循序渐进的学习过程，激发学习者的兴趣爱好，调动其学习积极性。

　　本书由薛青和范文龙主编，其中第1~7章由薛青编写；第8~10章由范文龙编写，薛青统稿。我们合作期间密切沟通、认真投入、相互促进、反复修改，精益求精。另外在编写本书期间，得到了家人的支持和理解，在此表示感谢！

　　希望本书能够给读者以启迪和帮助！由于编者水平有限，书中存在着许多不足之处，期待得到读者的批评指正！

编　者

2014年5月

目 录

第1章 透视概念 /1
  1.1 透视概念分析 /2
  1.2 透视学的研究内容 /3
  1.3 学习透视的目的和方法 /6
    1.3.1 学习透视的目的 /7
    1.3.2 学习透视的方法 /7
    1.3.3 透视的应用范围 /8
  思考与练习 /9

第2章 透视的基本知识 /10
  2.1 透视图的特性 /11
  2.2 透视图的专业名词术语及符号 /11
  2.3 透视图的形成 /13
  2.4 影响透视效果的因素 /14
  2.5 透视图的分类及其特点 /19
  思考与练习 /27

第3章 基本几何元素的透视 /28
  3.1 点的透视 /29
    3.1.1 点的透视形成原理 /29
    3.1.2 点的透视特征 /29
    3.1.3 点的透视作图方法 /30
  3.2 直线的透视 /33
    3.2.1 直线的透视形成原理 /34
    3.2.2 直线的透视特征 /34
    3.2.3 直线的灭点、画面迹点及全透视 /36
    3.2.4 直线的透视作图方法 /38
    3.2.5 真高线与集中真高线 /46
  3.3 平面图形的透视 /49
    3.3.1 平面图形透视的概念及几种情况 /49
    3.3.2 平面图形的透视作图方法 /53
  思考与练习 /58

第4章 平行透视及其画法 /65
  4.1 平行透视概述 /66
    4.1.1 平行透视的形成原理 /66
    4.1.2 平行透视的概念 /67
    4.1.3 平行透视的规律和特点 /68
  4.2 平行透视的基本绘图技法 /68
    4.2.1 平行透视的绘图技法 /68
    4.2.2 绘制平行透视的注意事项 /74
  4.3 平行透视的应用案例 /74
  思考与练习 /79

第5章 成角透视及其画法 /83
  5.1 成角透视的形成原理 /84
    5.1.1 成角透视的形成原理 /84
    5.1.2 成角透视的基本概念 /85
    5.1.3 成角透视的规律和特点 /85
    5.1.4 成角透视的动态变化分析 /88
  5.2 成角透视的基本绘图技法 /89
    5.2.1 成角透视的绘图技法 /89
    5.2.2 曲面体的成角透视画法 /98
    5.2.3 成角透视的绘图常见错误 /102
  5.3 成角透视的应用案例 /104
  思考与练习 /107

第6章 斜面透视及其画法 /113
  6.1 斜面透视的基本知识 /114
    6.1.1 斜面透视的概念 /114
    6.1.2 斜面透视的规律与特点 /114
  6.2 斜面透视的绘图方法 /117
  6.3 斜面透视的应用案例 /123

思考与练习 / 125

第 7 章　倾斜画面的透视及其画法 / 127

7.1　倾斜画面的透视基本知识 / 128
7.1.1　倾斜画面的透视形成原理及概念 / 128
7.1.2　倾斜画面的透视分类 / 131
7.1.3　倾斜画面的透视规律和特点 / 133
7.2　斜透视的画法 / 134
7.3　斜透视的应用案例 / 139
思考与练习 / 141

第 8 章　透视阴影 / 144

8.1　透视图阴影的基本知识 / 145
8.1.1　阴影的产生与基本规律 / 145
8.1.2　透视图阴影的专业术语 / 149
8.2　透视图阴影的画法 / 150
8.2.1　透视图中的光线 / 150
8.2.2　透视图中阴影的画法 / 153
8.3　透视图阴影的应用案例 / 158
思考与练习 / 160

第 9 章　虚影透视 / 163

9.1　虚影透视概述 / 164
9.1.1　虚影透视形成的条件 / 164
9.1.2　虚影透视的形成原理 / 165
9.1.3　虚影透视的规律和特点 / 166
9.2　虚影透视的绘图方法 / 168
9.2.1　水面(或者水平位置镜面)虚影透视的绘图方法 / 168
9.2.2　平行于画面的竖直镜面中虚影透视的绘图方法 / 170
9.2.3　斜交于画面的竖直镜面中虚影透视的绘图方法 / 171
9.2.4　斜交于地面而又垂直于画面的镜面中虚影透视绘图方法 / 173
9.3　虚影透视的应用案例 / 176
思考与练习 / 179

第 10 章　透视与设计 / 182

10.1　设计透视缘起 / 183
10.1.1　透视的应用学科领域 / 183
10.1.2　透视与绘画、设计之间的关系 / 183
10.2　应用透视的意义 / 186
10.2.1　设计透视的特点 / 186
10.2.2　设计中应用透视的意义 / 189
10.3　透视与未来设计 / 190
思考与练习 / 194

参考文献 / 195

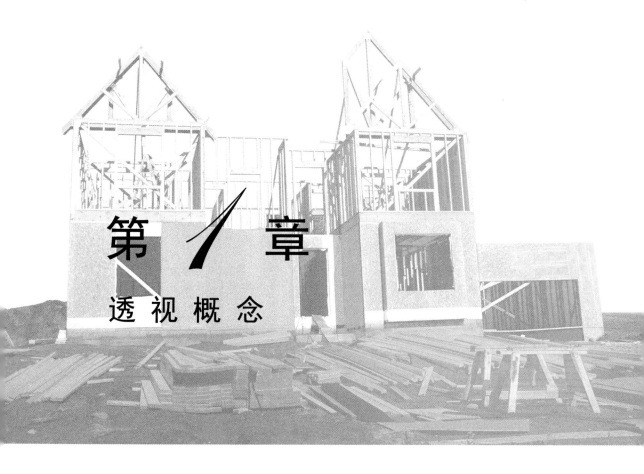

第1章 透视概念

本章学习要点

- 透视的含义
- 透视现象的形成过程
- 透视学的研究内容
- 该课程的学习目的和方法

本章要求和目标

- 要求：理解透视的含义；理解透视现象的形成过程；掌握透视学的研究内容；知道该课程的学习目的和方法。
- 目标：初步了解透视的概念、透视的形成过程以及这门课学习的主要内容、学习方法。

课时安排

2课时。

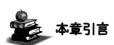 本章引言

学习透视的概念是本课程的前提。我们在日常生活中广泛地接触到透视现象，但对于

很多司空见惯的事情却并未真正地了解。一切认识都遵循着"疑问—探寻—学习—应用"的过程，学习透视学也正是要从整体了解透视开始。本章深入讲解透视的概念、发展、研究内容，为系统地学习透视知识打下坚实的基础。

1.1 透视概念分析

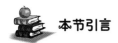

本节引言

正确理解透视的相关概念，并结合实际生活中的现象，才能更深入地掌握和应用透视。透视图是根据人的视觉特征建立的，用于形象表达产品形态特征的图形语言。透视图是一种设计语言，它通过符合视觉特征的图形来表达设计者的设计思想。

透视是一种绘画理论术语。"透视"一词源于拉丁文 persdicere(看透)。最初研究透视是采取通过一块透明的平面去看景物的方法，将所见景物准确描画在这块平面上，即成该景物的透视图。后来将在平面画幅上根据一定原理，用线条来显示物体的空间位置、轮廓和投影的科学称为透视学。

透视图是基于透视原理，在二维平面上再现人眼里的三维形象的图画。

如果站在玻璃窗前，闭上一只眼睛并固定另一只眼睛的位置不转动，把透过玻璃窗见到的物像，依样描画在玻璃上；描绘出来的图形和所看到的景物基本一致，是一些具有立体感和空间感的、存在着透视现象的透视图形(图 1-1)。这种操作方法称作透视。凡是采用透视的方法描绘三度空间或三维物体的图画，都被称为透视图。

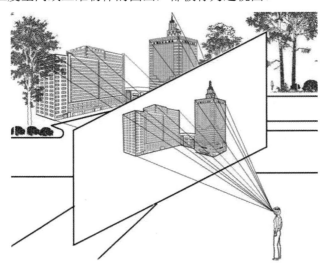

图 1-1　透视的操作方法

在透视现象中，物体的形体变化是有规律可循的，如"近大远小"的变化程度与距离的远近有关(图 1-2)，物体的形象会随着视点(观察点)位置的改变而发生变化等，由此构成了绘画中特定的学问——透视学。它通过对物像投影成形原理以及规律的研究，导出绘制透视图的方法，从而指导人们在二维平面上科学地再现三维空间与立体形象。

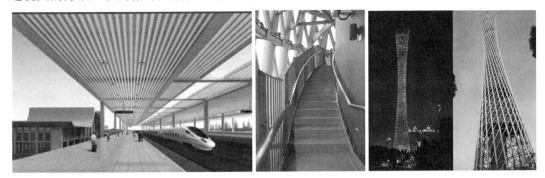

图 1-2　透视现象

透视图是根据人的视觉特征建立的，用于形象地表达产品形态特征的图形语言。它有别于投影图中的多面视图，也不同于三维立体的模型形态等其他设计语言。

1.2　透视学的研究内容

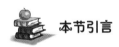

透视的发展是人类处理视觉信息技巧和能力的发展。人们追求世界实质的本能不断对人的实践提出更高的要求。随着人类对世界认识的积累加深，人类也渐渐学会更理性地分析自己所处的环境，透视发展也正是基于这种理性思维。可以说，透视的发展是人类认识世界的进步，也是人类理性思维能力发展和科技发展的结晶。

透视学分为广义和狭义两种。

1. 广义透视学

广义透视学方法在距今 3 万年前已出现，在线性透视出现之前，有多种透视法。①纵透视法：将平面上离视者远的物体画在离视者近的物体上面(图 1-3)。这种透视法早在古埃及时期就有运用。在古埃及墓室壁画的构图中可以看到远景作为一条横带完全置于近景横带之上的画法。②斜透视法：离视者远的物体，沿斜轴线向上延伸(图 1-4)。③重叠法：前景物体在后景物体之上(图 1-5)。④近大远小法：将远的物体画得比近处的同等物体小。⑤近缩法：有意缩小近部，防止由于近部透视正常透视太大而遮挡远部的表现(图 1-6)。⑥空气透视法：物体距离越远，形象越模糊；或一定距离外物体偏蓝，越远偏色越重，也可归于色彩透视法。⑦色彩透视法：因空气阻隔，同颜色物体距离近则鲜明，距离远则色彩灰淡。

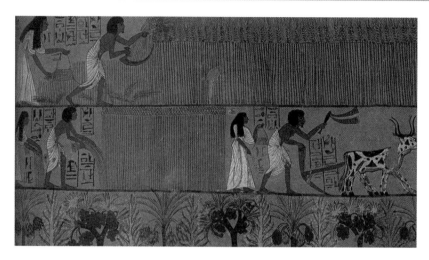

图 1-3 纵透视法

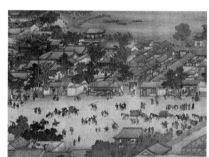 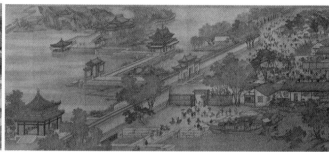

图 1-4 斜透视法(清明上河图)

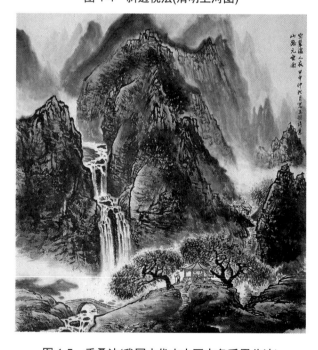

图 1-5 重叠法(我国古代山水画中多采用此法)

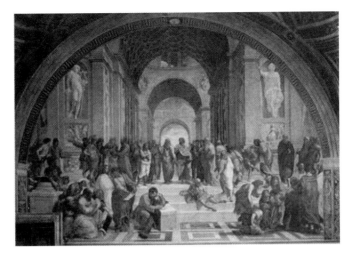

图1-6 近缩法

2. 狭义透视学

狭义透视学(即线性透视学)方法是文艺复兴时代的产物,即合乎科学规则地再现物体的实际空间位置。因物体对眼睛的作用有3种属性,即形状、色彩和体积,因距离远近不同呈现的透视现象主要为缩小、变色和模糊消失。相应的透视学研究对象为:①物体的透视形(轮廓线),即上、下、左、右、前、后不同距离,形的变化和缩小的原因;②距离造成的色彩变化,即色彩透视和空气透视的科学化;③物体在不同距离上的模糊程度,即隐形透视。现代绘画所着重研究的是线性透视,而线性透视的研究重点是焦点透视,它描绘一只眼睛固定一个方向所见的物像。它具有较完整、较系统的理论和不同的作图方法。因此,在透视学研究中,狭义透视学占据主导地位。

具体来讲,透视学的研究包括三个部分:

(1) 形体透视

形体透视即线性透视,主要研究物体的形体变化。线性透视(也称线条透视、几何透视)是根据光学和数学的原则,在平面上用线条来图示物体的空间位置、轮廓和光暗投影的科学;按照灭点的不同,分为平行透视(一个灭点)、成角透视(两个灭点)和斜透视(三个灭点)。因为透视现象是远小近大,所以也叫"远近法"。其表现形式有以下几个方面:体积相同的物体,距离近时,视觉影像较大,远时,则小;距离较近时,宽度相同的物体视觉影像较宽,远时,则窄。这是由人眼的视角形成的规律。位于视平线以上的物体,近高远低,位于视平线以下的物体,近低远高。

在现实生活中,人眼观看远近景物的透视规律如下:①物体远近不同,人感觉它的大小不同,愈近愈大,愈远愈小,最远的小点会消失在地平线上;②有规律地排列形成地线条或互相平行地线条,越远越靠拢和聚集,最后汇聚为一点消失在地平线上;③物体的轮廓线条距离视点越近越清晰,越远则越模糊(图1-7)。

(2) 空气透视

空气透视即色彩透视,主要研究物体的色彩变化。由于空气的阻隔,空气中稀薄的杂质造成物体距离越远,看上去形象越模糊,所谓"远人无目,远水无波",部分原因就在于此。同时存在着另外一种色彩现象，由于空气中蕴含水汽，在一定距离之外物体偏蓝，距离越远，偏蓝的倾向越明显。同样颜色的物体，距离近则色彩鲜明，距离远则色彩灰淡。这也可归于色彩透视法(图1-8)。

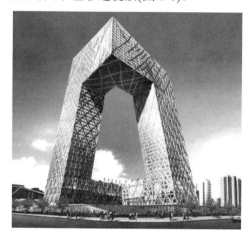

图1-7 形体透视

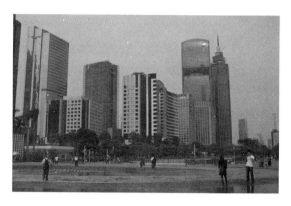

图1-8 空气透视

(3) 隐形透视

隐形透视主要研究物体在不同距离上形象的模糊程度。在同等距离上，物体越大，细节越明了，形象越清晰；反之，细节模糊，形象混沌。这是因为物体小，观察物体的视角就小，视角越小就越不容易分辨，物体形象显得越模糊，如图1-9所示。

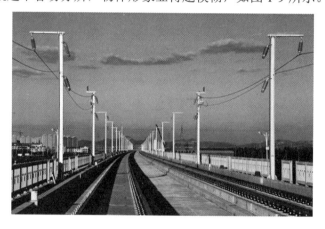

图1-9 隐形透视

1.3 学习透视的目的和方法

本节引言

透视是设计专业学生必须掌握的一门学科，对它的应用情况能够体现出其设计表现能力。学习透视可以培养学生的空间思维能力、逻辑思维能力以及艺术创作能力。同时，本节也深入研究了学习透视的一些方法，以帮助学生找到学习本课程的捷径。

1.3.1 学习透视的目的

学习透视的目的主要体现在以下三个方面。

一是为艺术创作奠定基础，即掌握在二维空间表达立体形象的方法。在艺术设计、工业设计、建筑设计、园林景观设计、室内设计等过程中，不仅需要借助透视图推敲方案，更需要进行设计意图的表达，透视图的真实性、直观性为此提供了最适宜的手段。

二是培养逻辑思维的能力。透视学是建立在数学和几何学基础上的一门数理性极强的学科。在求透视图的过程中，需要大量的逻辑推理。

三是培养空间形象思维的能力。绘制透视图的过程，实际上是将物体多个方向的正投影图综合成为一个符合视觉习惯的立体图形。在这一过程中，能够训练学生的形体结构表现能力及造型能力。

在进行艺术创作、设计构思的过程中，透视学的灵活应用，可产生多元的、丰富的视觉效果，可使艺术作品、设计作品更具有张力和感染力，可创造出高水平的绘画作品和设计作品，所以透视学是一门必不可少的专业基础课程。

1.3.2 学习透视的方法

学习透视学的方法多种多样，但对于初学者来说，应主要从以下几个方面来学习透视学。

1. 勤于思考，注重理解

透视学的逻辑性较强，在学习绘制透视图的过程中，要勤于思考，缜密推导，理解整个形体的空间结构关系。

2. 掌握规律，循序进行

透视图的变化是有规律的。在透视现象中，所有与画面(与视线垂直的一个面)不平行的线都会向远方某个点汇聚，其中平行的线汇聚向一点。这使得同样大小的物体因位置不同而产生近大远小的差别；再如，当人们观察景物的时候，常常会发现一些现象：视点(观察点)低，看不到物体的顶面，觉得物体很高大，反之，站得高可以看到物体的顶面，觉得物体比较矮小；如果水平左右移动视点，所看到的左右侧面也会随之发生变化。可见，当视点的高低、注视的方向、距离的远近等因素发生变化时，景物的形象也会发生相应的改变。

3. 勤学苦练，熟能生巧

按照"从大到小、从整体到局部"的线路循序渐进。要善于发现和总结规律，提炼技巧。练习过程中要动脑筋、想办法，发现和总结规律、提炼绘制技巧，归纳适合自己的学习方法。

4. 触类旁通，灵活应用

学习透视学，不仅要掌握本门课程的知识，而且要和其他知识相联系；一方面可以借助其他知识与经验，促进本专业知识的理解与掌握；另一方面，运用本课程知识辅助其他项目的完成，如利用透视草图辅助设计、利用透视原理创造视幻效果等。

1.3.3 透视的应用范围

透视在建筑设计(图 1-10)、室内外环境设计(图 1-11)、城市规划、工业设计(图 1-12)、艺术设计(图 1-13)等学科领域中的位置是很明确的，它是一门专业基础课，主要作用是辅助设计、表现设计，因此教学目标明确，即通过透视原理，能够运用多种方法快速、准确地绘制透视图，以协助专业设计的顺利开展。

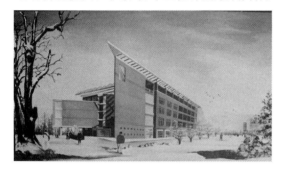

图 1-10　建筑设计图

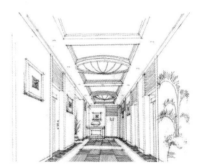

图 1-11　室内设计图

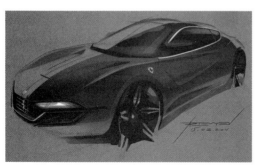

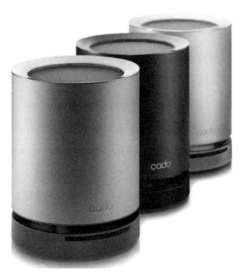

图 1-12　产品设计图

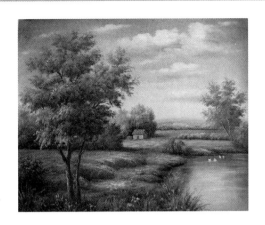 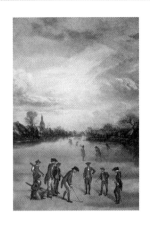

图 1-13　艺术设计图

　　透视学是成就设计师的第一步。自从 19 世纪的艺术家们发现透视现象并把这一知识应用于艺术构图以来，透视学一直与画法几何一样普遍应用于设计中。

　　透视使描述空间物体由抽象思维转换为形象思维，一些无法用语言、文字描述的符号通过透视图可以轻而易举地表现出来。几乎所有的设计师在构思设计方案时都是用一支笔在一张空白纸上挥洒出自己的设计灵感，只有用这种方法才能与思维同步，设计师通过这种快捷的方法记录设计灵感，边描述、边手绘对设计进行表达和交流。一个好的设计师可以不懂计算机软件，但是绝不可以不会设计透视图表现。从事设计的工作者，无论是工业设计师、艺术家、建筑师，还是工艺美术师，没有透视学知识几乎难以胜任本职工作。

思考与练习

1. 简述透视的概念。
2. 简述透视学的研究内容。
3. 简述透视的学习方法。

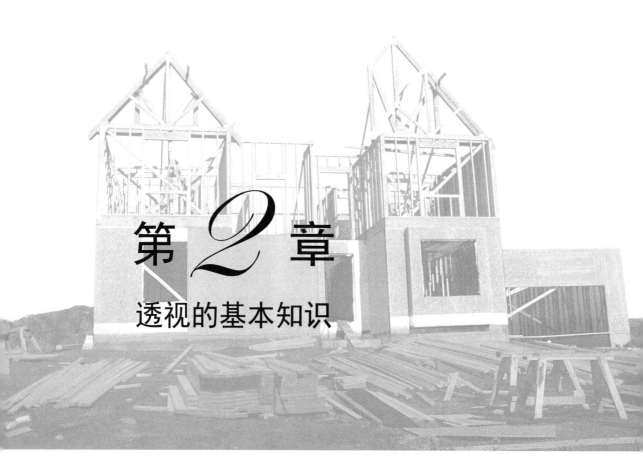

第 2 章 透视的基本知识

本章学习要点

- 透视图的形成过程
- 透视图专业名词术语与符号
- 透视图的分类以及各自的特点
- 影响透视效果的几个参数

本章要求和目标

- **要求**：掌握透视图的形成过程；熟悉透视图专业名词术语与符号；掌握透视图的分类以及各自的特点；掌握影响透视效果的几个参数。
- **目标**：能够熟练掌握透视图的形成过程、名词术语等基本知识点之后，为学生在学习各种透视图画法打下坚实的基础。正确理解透视的研究对象和目的，熟练掌握透视基本知识并理解各要素在透视现象中所产生的影响。

课时安排

4 课时。

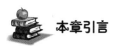 **本章引言**

本章主要了解透视图的形成过程、透视图的分类以及一些专业名词术语等内容，为学

习后面章节的内容如透视原理和各种透视画法打好基础。需要读者在学习过程中重视本章的学习内容。

2.1 透视图的特性

本节引言

透视图的特性有助于理解并应用透视规律，为顺利理解透视制图方法、合理运用透视原理打下基础。

人们站在玻璃窗前观察远处的景物或物体时，会发现随着距离的改变，看到的景物或物体的大小也会随之改变，即呈现近大远小、近高远低、近长远短的特点。透视图解如图 2-1 所示。

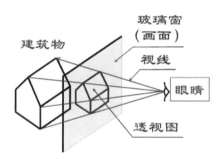

图 2-1 透视图解

2.2 透视图的专业名词术语及符号

本节引言

透视图的专业名词术语及符号(图 2-2)可以让设计工作者在作图时更加便捷、明确地表达形体透视的形成过程，使设计图清晰明了。

(1) **基面 G**：放置物体的参照平面，用字母 G 表示。通常可以将地面、台面或设计师自己定义的一个水平面作为基准面。要确定一幅效果好的透视图，必须作一个基面 G，以后讨论所有的参数都以该平面作为参照面。

(2) **画面 P**：形成透视图的平面，用字母 P 表示。在一般情况下，画面垂直于基面，有时也会倾斜于基面。关于画面的位置，本书未注明时，均指画面垂直于基面的情况，而画面倾斜于基于的情况，将在第 6 章斜透视画法中介绍。

(3) **基线 g - g**：画面与基面的交线，用字母 g - g 表示。g - g 可理解为基面在画面上有积聚性的投影。

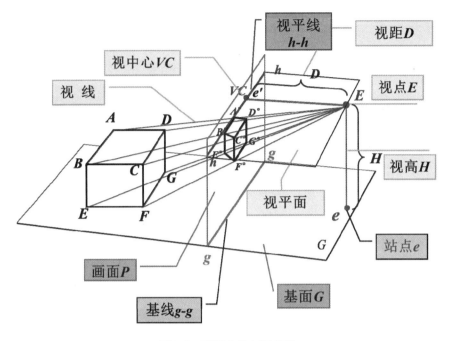

图 2-2 透视专业名词术语

(4) 视点 E：相当于人眼所在的位置，即投射中心 E。

(5) 视线：模拟光线直线传播的原理，用直线将视点 E 与物体的关键点连接起来，这些直线被称为"视线"。视线与画面的交点构成画面上透视图的透视关键点，透视图即由这些点连接完成。

(6) 视中心 VC 或 e'（又称心点）：视点 E 在画面 P 上的垂直投影点，用 VC 或 e' 表示。

(7) 主视线 $E\ e'$：过视点 E 并垂直于画面 P 的视线，也就是视点 E 和视中心 VC 的连线。

(8) 视平面：过视点的水平面。

(9) 视平线 $h\text{-}h$：由视平面与画面相交产生的交线，用 $h\text{-}h$ 表示。当画面为铅垂面时，视中心 VC 必在视平线上。

(10) 站点 e：视点 E 在基面 G 上的正投影，用 e 表示。可理解为人在观察物体时所站的位置。

(11) 视高 H：视中心 VC 到基线 $g\text{-}g$ 的垂直距离。当画面为铅垂面时，视平线与基线的距离反映视高。

(12) 视距 D：视点 E 到画面 P 的垂直距离，或者说视点 E 到视中心 VC 的距离。当画面为铅垂面时，站点 e 与基线的距离 $E\ e'$ 反映视距。

(13) 透视：如图 2-3 所示，眼睛在观察点 A 时，点 A 在画面 P 上形成的物像，即视线与画面 P 的交点 a_p 为点的透视。

(14) 基透视：如图 2-3 所示，眼睛在观察点 A 在基面 G 上的投影 a 时，视线与画面 P 的交点 a_o 为点的基透视。

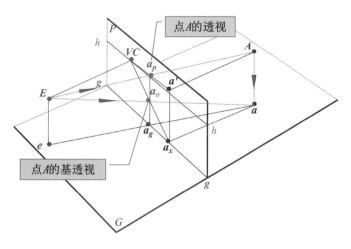

图 2-3 透视与基透视图解

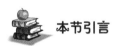 ## 2.3 透视图的形成

本节引言

理解透视图的形成过程是准确画出物体透视图的前提，它的形成过程主要是研究人眼睛、画面和物体之间的关系，实际上是确定人的视线与画面的交点。

透视是如何形成的？如图2-4所示，在人的眼睛与被观察对象之间(如图中立方体)之间设立一个平面(画面)，将视点与被观察物(如立方体)的各个顶点相连，这些直线与画面分别有一个交点，这些交点就是各个顶点在画面上的投影点，即点的透视，这些交点的集合就形成了空间立方体的透视投影。

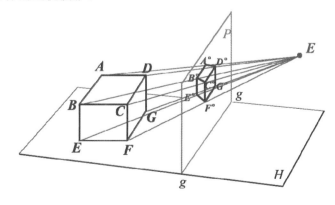

图 2-4 透视图的形成原理

为此，把人眼视为投射中心时，空间几何元素在投影面上的中心投影被称为透视投影或透视图，简称透视或焦点透视。

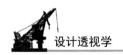

在生活中可以观察到各种形态的物体,物体的尺度与人眼进行连线可以构成一个三角形,两者之间的距离越近,三角形的夹角越大,成像越大;距离越远,夹角越小,成像也越小(图 2-5)。由此可见,由于距离的原因,同等大小的物体会有近大远小、近高远低、近长远短的变化。

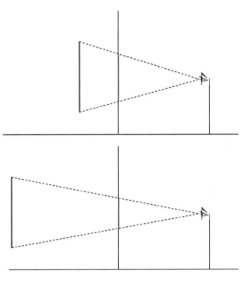

图 2-5　近大远小的透视规律图解

2.4　影响透视效果的因素

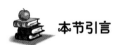

本节引言

影响透视图效果的因素主要是人的眼睛(即视点)位置、视距、视高和形体方位,这几个要素中任何一个要素发生变化时,人们所看到的影像也会随之变化。

由于人眼在观察物体时所处的位置和方位的改变会影响物体的透视形象,所以在绘制透视图之前,应先根据表现形体的要求选定用何种形式的透视。同时,要安排好视点(包含视距和视高)、画面和对象物三者之间的相对位置。除此之外,还需考虑视点与形体之间的相对位置,使透视充分反映对象的造型特征。影响透视效果的因素如下。

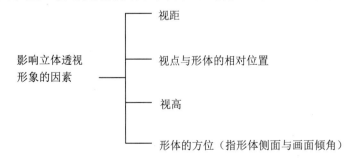

1. 视距对形体透视效果的影响

视距是用来确定视点与画面之间远近距离的,视点的位置直接反映视距的大小。在透视图中,视距决定了视图范围的大小和透视变形的程度。如图 2-6 所示,视距越近,视图范围越小,透视变形的程度越大;反之,视距越远,视图范围越大,透视效果越好。

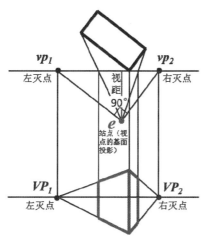

图 2-6　视距与透视的关系

2. 视点和形体的相对位置影响透视效果

视点就是观察者的位置,在透视图中以心点来投射。心点是视点在画面上的投射点,它确定了观察者的主视方向,该主视方向决定透视画面的中心,如图 2-7 所示。

心点可以位于视平线的任意位置。由于心点的位置与画面的构图有着直接的关系,因此选择心点的位置时应该慎重考虑。一般而言,心点居中,则左右内容相当,形成对称格局,如图 2-7(a)所示;心点偏右,较适合表现对象左面的内容,如图 2-7(b)所示;心点偏左,较适合表现对象右面的内容,如图 2-7(c)所示;心点偏上,适合用来表现对象下部的内容,如图 2-7(d)所示;心点偏下,用来表现对象上部的内容,如图 2-7(e)所示。

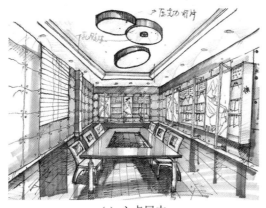

(a) 心点居中

图 2-7　心点的不同位置与画面构图的关系

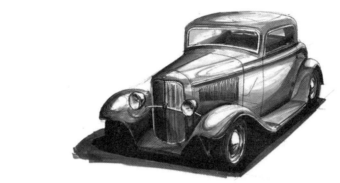

(b) 心点偏右

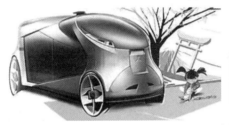 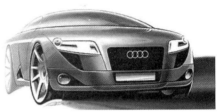

(c) 心点偏左

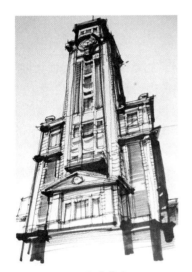 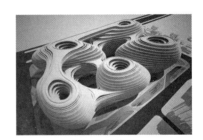

(d) 心点偏上　　　　　　　　　　　　(e) 心点偏下

图 2-7　心点的不同位置与画面构图的关系(续)

3. 视高对透视效果的影响

视高指的是眼睛距离地面的高度，即视平线距离地面的高度。视平线的高低对形体的透视效果影响较大。

当视平线位于形体下方时，看到的透视图为仰视图，如图 2-7(d)和图 2-8 所示；当视平线位于形体上方时，看到的透视图为俯视图，如图 2-7(e)和图 2-8 所示；当视平线与人眼同高时，人们观察形体时的效果趋于正常和合理。

在视距不变的情况下，视高越大，形象越趋向失真。

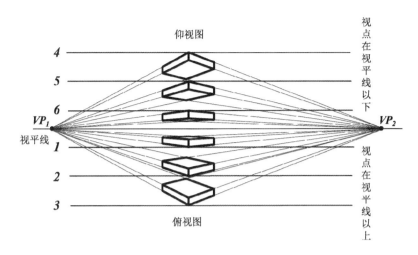

图 2-8　视高影响下的透视图效果分析

4. 形体侧面与画面倾角对透视图效果的影响

形体侧面与画面倾角指的是形体的方位。在视点位置不变的情况下,形体侧面与画面倾角越大,形象越趋向失真。如图 2-9 所示,视距相同,形体侧面与画面倾角 $a_1 < a_2 < a_3$。

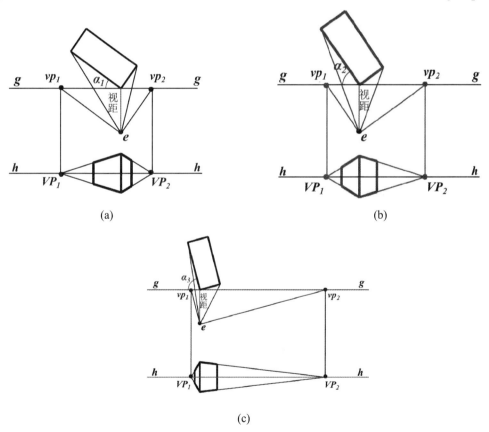

图 2-9　形体侧面与画面倾角对透视图效果的影向

在透视图中,影响视图透视效果的因素主要有三个:视距、视高和方位。它们是建立良好透视效果的必备条件和参数,三者不是孤立存在的,需要三者的结合才能确定视点的位置。

另外,视距与视角存在着联动关系,即在同一对象不变的前提下,视距越远,视角越小;反之视角越大。

视角就是人们在观察物体时,从物体两端(上、下或左、右)引出的光线在人眼光心处所成的夹角。物体的尺寸越小或者同等大小的物体,离观察者越远,则视角越小。如图 2-10 所示为同等大小的形体在不同远近情况下的视角变化。

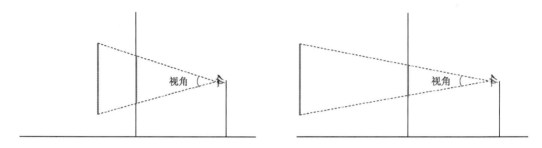

图 2-10 同等大小的形体在不同远近情况下的视角变化

科学研究结果表明,当视线方向固定时,人能够在以眼睛为锥点、锥角为 60°左右的范围内看清物体,其视图范围接近一个圆。在透视图中也一样,在 60°视角范围内,透视现象比较真实;超过这个范围,透视图效果失真。图 2-11 所示为人眼的视图范围。

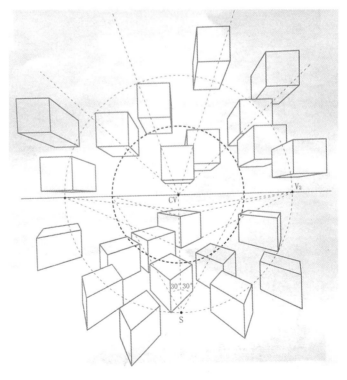

图 2-11 人眼的视图范围

2.5 透视图的分类及其特点

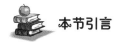

本节引言

在现实生活中，通过观察透视现象能够理解透视的类型，掌握各种透视图的制图表现方法之后能够在设计中更好地表达设计理念。

透视学有广义和狭义两种解释，本书阐述的是狭义透视学，特指14世纪开始逐步确立的描绘物体、再现空间的线性透视方法。线透视是用单线方法来描述空间物体的形象，用最简单而又有最大的信息量反映对象。线透视是表达设计对象的基础。如图2-12所示为采用单线画法绘制的透视图。

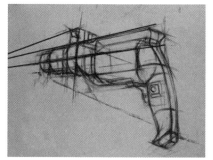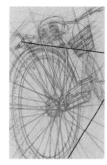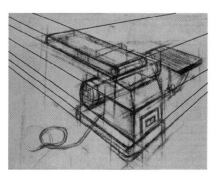

图2-12 采用单线画法绘制的透视图

随着视点位置、画面与空间形体的相对位置变化，空间形体的透视形象会有所不同，从而产生了各种形式的透视图。透视图的分类方法如下。

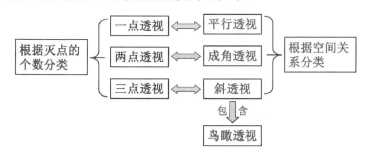

这里先介绍一下灭点的概念，灭点是透视理论中一个相当重要的概念。

灭点的定义为：在透视投影中，一束平行于投影面的平行线的投影可以保持平行，而不平行于投影面的平行线的投影会聚集到一个点，这个点成为灭点(Vanishing Point，VP)。灭点可以看作是无限远处的一点在投影面上的投影。

例题：如图2-13所示，假设空间有一条与画面和基面都不平行的线段AB，连接EA、EB分别与画面相交得A、B点的透视A_P、B_P。将BA直线延长至无限远处，过视点E作与AB平行的视线，并延长至无限远处，然后延长B_PA_P，这时出现交点VP，由于这是空间直线 AB 延长至无限远时在透视图上的透视位置，所以称为 VP 为 AB 的灭点。

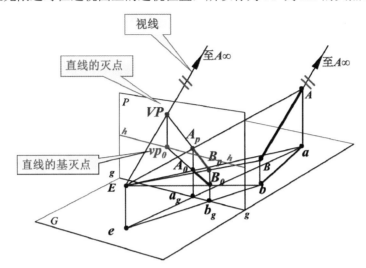

图 2-13　空间直线灭点的求解过程示意图

由灭点的形成原理可知，与直线 AB 平行的空间任何直线均灭于同一点 VP，因此，利用灭点可以方便地作出一簇与画面不平行但相互平行的直线的透视，在实际作图时，空间直线段往往可以假想延长到无穷远以找出其灭点，从而获得一簇平行线的共同灭点，如图 2-14 所示。

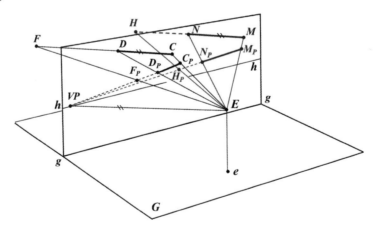

图 2-14　与画面不平行而相互之间平行的直线段的共同灭点

任何一簇空间平行的水平线的灭点必定落在视平线 h-h 上，如图 2-14 所示。并且可以得知，与画面平行的线在画面上不存在灭点，因此与画面平行的平行线，其透视仍保持相互平行。

在设计专业中，透视图的绘制方法主要有以下几种类型。

1. 平行透视(一点透视)

(1) 平行透视的概念

当画面垂直于基面，而且画面与形体的一个主要棱面平行时，所形成的透视图称为平行透视。此时,画面与形体的另一个主要棱面垂直,因而在该方向有灭点产生,而且灭点与视中心 VC 重合,在透视画面上只有一个灭点,并且此灭点在对象中间的后方,所以又称为一点透视。

平行透视的绘制方法是延长物体左右纵深的两条有汇聚趋势的线,向后方汇聚于一点。平行透视能产生纵深感,如图 2-15 所示。

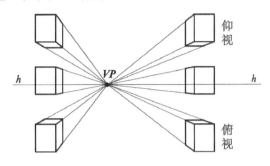

图 2-15　平行透视图

(2) 平行透视的特点

① 作图相对简便。只需将形体的与画面平行的主棱面呈实形或成比例缩小、放大。

② 只要保持形体中有一组平行面与画面平行,就和视点、画面构成了平行透视关系。

③ 在平行透视关系中,形体、画面与视点三者相对位置的细微变化会直接影响透视图的形象,如图 2-15 所示。

④ 透视效果容易失真,而且缺乏美感。因为对于单个形体,为了使其透视效果富有立体感,通常将视点设在反映出形体三个侧面的位置,要求视点偏向形体的某一侧,这样就可能产生比较严重的失真效果。为了减少失真,视点最适宜置于形体左上方、左下方、右上方或者右下方的位置,从而不至于产生明显的失真。图 2-16 所示为不同视点位置形成的不同平行透视效果。

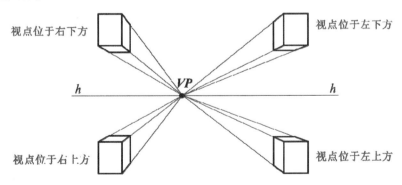

图 2-16　不同视点位置形成的不同平行透视效果

⑤ 限制了形体与画面位置调整的灵活性。因为只有当一组平行面与画面平行才能形成平行透视;若形体中所有的面都不平行于画面,就构不成平行透视。

⑥ 平行透视图适合表现室内设计、街心广场、园林景观或者一个主棱面形状较复杂的建筑物的透视图。如图 2-17 所示为平行透视的应用实例。

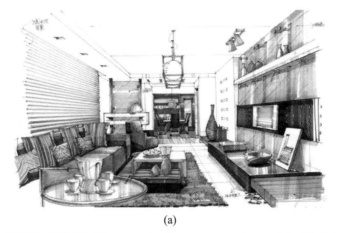

(a)

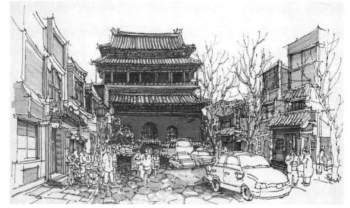

(b) 平行透视在建筑景观设计中的应用

图 2-17　平行透视的应用实例

2. 成角透视(两点透视)

(1) 成角透视的概念

当画面垂直于基面,而且画面与形体的两个主要棱面呈一倾角时,所形成的透视图称为成角透视。此时,在透视图中出现两个灭点,所以又称为两点透视。成角透视的两个灭点在对象两侧的后方。

成角透视的绘制方法是分别延长形体左右两方的有汇聚趋势的四条线,两两交于对象左右两侧的后方,形成两个灭点。如图 2-18 所示为成角透视图。

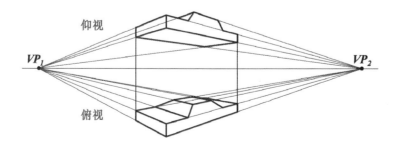

图 2-18　成角透视图

成角透视是最符合视觉习惯的透视，很富有立体感。凡是平行于画面的直线，都没有灭点；凡是与画面有一定角度的一组平行线，都有灭点。如果这个角度是90°，就是平行透视，否则是成角透视。

　　(2) 成角透视的特点

　　① 物体放置比较灵活多样，透视效果相对活泼，表现力丰富。

　　② 在成角透视关系中，表达对象与画面的夹角、视点的距离和位置等因素的细微变化，会直接影响透视图的效果。如图2-18所示，在视点位置不同的情况下，所产生的透视效果也不同。

　　③ 成角透视是所有透视方法中运用最广泛的透视方法，在建筑设计、工业设计、室内设计、园林景观设计、家具设计、规划设计等行业领域都有运用。体量较小的形体用该透视方法能较好地表达出设计的本意。图2-19所示为成角透视的应用实例。

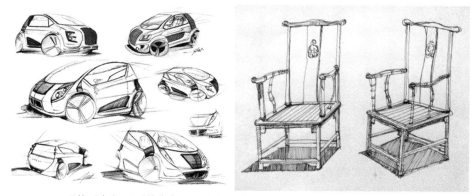

(a) 形体对象与画面的夹角、视点的距离和位置不同的情况下产生的透视效果

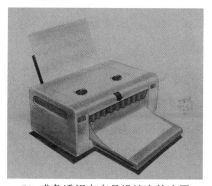

(b) 成角透视在产品设计中的应用

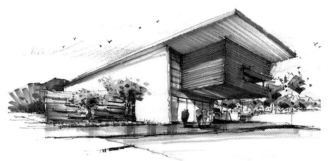

(c) 成角透视在建筑设计中的应用

图 2-19　成角透视在不同领域的应用

　　④ 成角透视图与人们现实世界中所观察到的物体形象最为接近。

　　⑤ 成角透视图具有良好的真实感，符合人们的观察习惯，具有较直观的空间感受。

3. 斜透视

(1) 斜透视的概念

当画面倾斜于基面，空间形体的棱面均与画面相交时，在画面上就会产生三个主向灭

点 VP_1、VP_2、VP_3，所形成的透视称为斜透视，也称为三点透视。图 2-20 所示为斜透视的形成示意图。

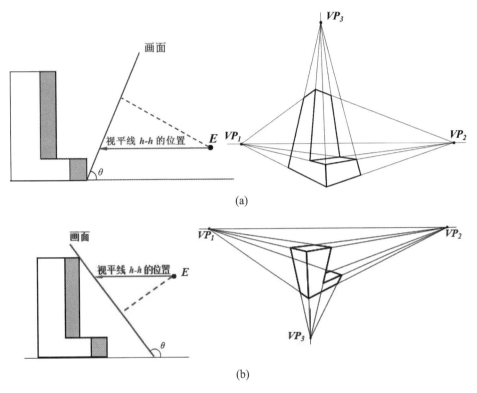

图 2-20　斜透视的形成示意图

从图 2-20 所示的斜透视的形成示意图来看，斜透视可以分为两大类：一是画面偏离透视对象，画面倾角 $\theta<90°$，呈后仰状态，所有立向棱线向上消失，透视形状呈仰视图；二是画面倾向于透视对象，画面倾角 $\theta>90°$，呈前倾状态，所有立向棱线向下消失，透视形状呈俯视图，也称为"鸟瞰透视图"。

在成角透视关系的基础上，只要调整画面倾角即可将成角透视关系转化为斜透视关系。随着画面倾角的改变，透视关系中的参数也会发生改变。发生改变的参数有视中心 VP、视高 H、视距 D。当成角透视演变为斜透视时参数的变化过程，如图 2-21 所示。

(2) 斜透视的特点

① 透视效果更加真实。

② 透视效果能较好地表现距离感。

③ 在斜透视中有三组不同方向的透视线，有三个灭点。

④ 斜透视有两种不同的透视形态，即仰望三点透视和鸟瞰三点透视。

⑤ 立向棱边与画面的夹角直接影响形体的透视效果。

⑥ 斜透视主要用于表现壮观的场面和庞大的物体，因此在规划设计、建筑设计等领域应用广泛。图 2-22 所示为斜透视的运用。

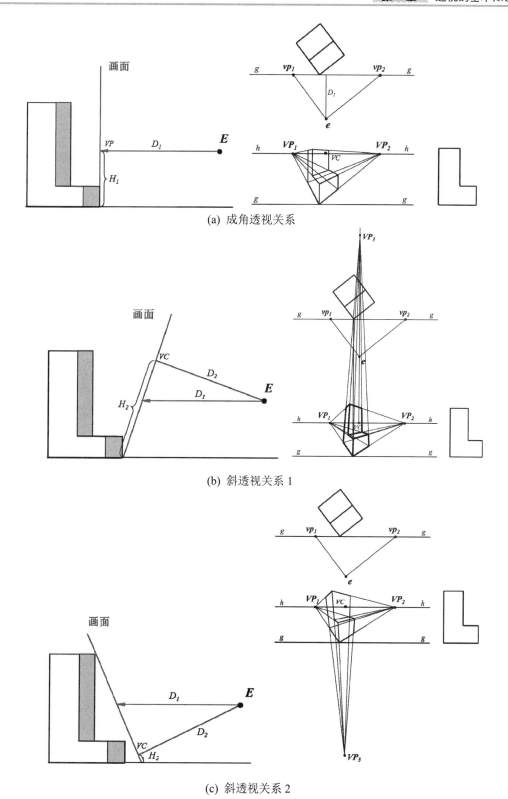

(a) 成角透视关系

(b) 斜透视关系 1

(c) 斜透视关系 2

图 2-21 当成角透视演变为斜透视时参数的变化

图 2-22(a)表现的建筑效果图选择的是略带仰视角度的斜透视关系。夸张的透视关系和低平的视点选择，充分展现了建筑耸立挺拔的气势。

图 2-22(b)是英国著名建筑设计师扎哈·哈迪德设计的北京朝阳门银河 SOHO，运用斜透视表现北京朝阳门以及周围建筑群的效果。斜透视关系独特的透视感，使作者能够运用透视缩形凸显建筑的体量。同时，该图选取了带有鸟瞰性质的视角，运用了类似航拍效果表现出建筑物与建筑物之间的关系，展示了建筑群的细节以及整体效果，也展示了建筑群之中的景观设计。虚实对比、层叠渐进的处理手法使画面充满层次，突出表现出该画中的重点。

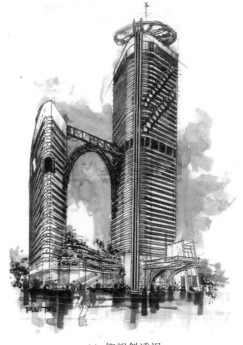 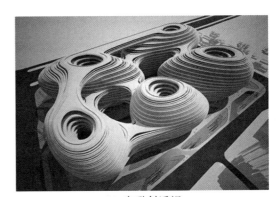

(a) 仰望斜透视　　　　　　　　　　(b) 鸟瞰斜透视

图 2-22　斜透视的运用

通过上述三种透视效果图的分析和比较，可以总结出如下内容。

一点透视、两点透视与三点透视是焦点透视中最常见的三种类型，它们是根据灭点(消失点)的个数为命名标准的。而平行透视、成角透视与斜透视是根据形体的空间关系进行判断的。两种分类方法是相互对应的，即一点透视、两点透视、三点透视分别与平行透视、成角透视、斜透视相对应。

一般情况下，在透视图中每组相互平行的轮廓线都将交汇到各自方向的消失点上；只有与画面平行的那些轮廓线在透视图中才没有灭点。因此，物体与画面的关系决定了透视关系。

特此说明，在进行平行透视、成角透视或者斜透视的归类判断时，灭点的个数仅仅是一个参数，归类的标准应该是各个方向的轮廓线与画面的平行关系。对于形状复杂的不规则形体，绘制透视图时往往会产生三个以上的灭点，它应该归属于哪一类的决定因素仍然是形体与画面之间的关系。

思考与练习

1. 请列举各常用术语的形成和概念。
2. 对于初学者来说,如何确定视距、视高、方位三因素的参数,才能够获得较为理想的透视图?
3. 透视图的分类有哪些?请分析其特点以及形成过程。

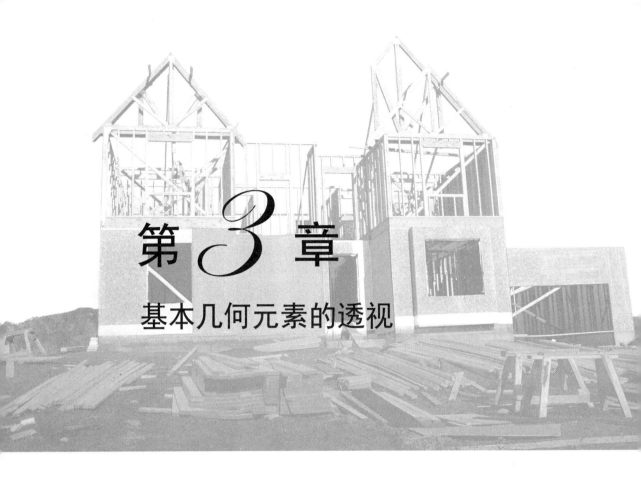

第 3 章 基本几何元素的透视

本章学习要点

- 点的透视形成原理、透视特征及透视作图方法
- 直线的透视形成原理、透视特征及透视作图方法
- 平面的透视形成原理、透视特征及透视作图方法
- 掌握曲面的透视形成原理、透视特征及透视作图方法

本章要求和目标

- **要求**：掌握点的透视形成原理、透视特征及透视作图方法；掌握直线的透视形成原理、透视特征及透视作图方法；掌握平面的透视形成原理、透视特征及透视作图方法；掌握曲面的透视形成原理、透视特征及透视作图方法。
- **目标**：通过对点、线、面的透视规律的研究，为学生学习形体的透视打下基础。

课时安排

8 课时

 本章引言

学习点、线、面的透视原理是学习形体透视原理和透视画法的基础，为下面章节的学习做好铺垫。

3.1 点的透视

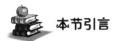 本节引言

点的透视是直线、面以及形体透视的基础。关于点的透视主要从点的透视形成原理、点的透视特征、点的透视作图方法等这几个知识点进行介绍。掌握了点的透视原理及画法之后,在学习直线、面的透视时就会迎刃而解。

3.1.1 点的透视形成原理

点的透视就是过该点的视线与画面的交点,即求直线与平面的交点。如图 3-1 所示,点的透视形成原理。它是过空间点 A 的视线与画面 P 的交点以字母 A_P 表示,从图中可以看出,视线 EA 与画面 P 存在交点 A_P,但是,只连接视点 E 和空间点无法直接求出该交点,需要借助于正投影法,即分别先求出视点 E 和空间点 A 在基面 G 上的投影 e 和 a,然后连接 ea,求出 ea 与基线 g-g 的交点 a_g,过该交点作与基线的垂线,该垂线与 EA 的交点即是点 A 的透视,用字母 A_P 表示。点 A 在基面 G 上的水平投影 a 的透视为 a_0,也称为点 A 的基透视。A_P 到 a_0 的高度为点 A 的透视高。

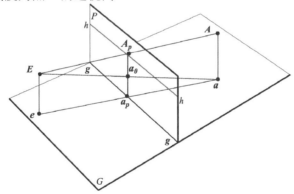

图 3-1 点的透视形成原理

3.1.2 点的透视特征

空间不同位置点的透视特征,主要有以下几种情况:
(1) 一个点的透视与其基透视必定位于同一条铅垂线上。
(2) 点的基透视不但是确定点的透视高度的起始点,而且可以由它唯一确定点的空间位置。如图 3-2 所示为空间不同位置点的透视特征。
(3) 当空间点位于画面之后时,如图 3-2 所示的点 A 和 A_1 是位于画面之后的空间点,其基透视 a_0 和 a_{01} 位于基线和视平线之间,空间点越远离画面,其基透视就越接近视平线

h-h。当点在画面之后无限远时,其基透视就在视平线上。画面之后的点的透视高小于真高。

(4) 当空间点位于画面之上时,该点的透视与其本身位置重合,其基透视在基线 g-g 上,其透视高等于真高(图 3-3),点 B 在画面上,其透视 B_P 与点 B 位置重合,其基透视 b_0 在基线上。

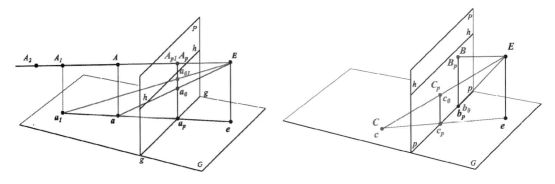

图 3-2 空间不同位置点的透视特征　　　　图 3-3 空间不同位置点的透视特征

(5) 当空间点位于基面上时,其透视与基透视位置重合,透视高为零。如图 3-3 所示,点 C 位于基面上,其透视 C_P 和基透视 c_0 位置重合在一起,显然其透视高为零。

(6) 当空间点位于画面之前时,其透视在画面之上,基透视在基线以下。其透视高大于真高。如图 3-4 所示,点 D 位于画面之前,其透视 D_P 在画面上,基透视 d_0 在基线之下,其透视高 $D_P d_0$ 大于点 D 到基面的距离。

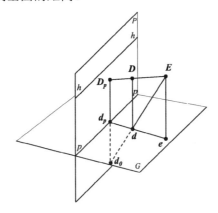

图 3-4 空间不同位置点的透视特征

3.1.3 点的透视作图方法

求作空间任意点的透视可采用正投影的方法,求出过该点的视线与画面的交点。视线与画面的交点就是视线的迹点,故这种求透视的方法被称为视线迹点法。其空间关系如图 3-5 所示,具体作图步骤如下:

(1) 将画面与基面分开,并放置在同一平面上,为了使两个投影面不致因重叠而引起混乱,使作图更加方便,通常将画面与基面分离,画面在上,基面在下,上下对齐放置,在画面 P 上画出 h-h 与 g-g,并给出视点 E 的正投影——主点或视中心 e' 或 VC。在基面上

基线 g-g 及视点的水平投影——站点 e，即用三线一点表示透视投影体系。

(2) 用正投影法，空间点 A 的画面投影 a' 及其基面投影 a 已给出，基面投影 a 的画面投影用 a_g' 给出。视线 EA 的投影即为 $e'a'$ 及 ea。

(3) 视线的水平投影 ea 与画面基线 p-p 的交点 a_p 即是视线 EA 的画面迹点的水平投影，所以过 a_p 向上作垂线与 $e'a'$ 交于点 A_p，即为点 A 的透视。

(4) 过点 A 的基面投影 a 的视线 Ea 的画面投影由 $e'a_g'$ 给出。过 a_p 作的垂线与 $e'a_g'$ 的交点 a_0，即为点 A 的基透视；a_0、A_p 的连线位于同一条与 h-h 垂直的垂线上，即为点 A 的透视高，$a'a_g'$ 为点 A 的真高。

由于画面 P 与基面 G 的边界可以变化的，与作图无关，因此实际作图时略去其边框线，只保留 h-h、g-g 与 s、s'，如图 3-6 所示。并且也可以将画面置于下方，基面置于上方，其投影及透视关系不变。不论在画面中或者在基面中，点 a_p 与 a_g' 的相对位置不变；点 a' 与 a_g' 的投影关系不变。

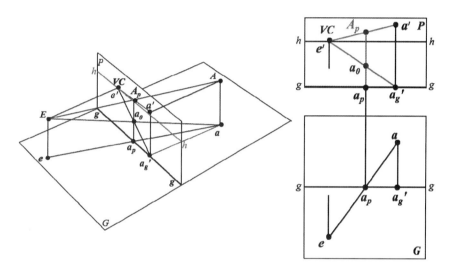

图 3-5 用视线迹点法作点的透视

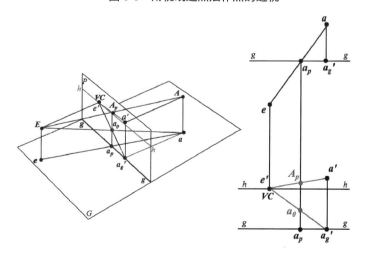

图 3-6 用视线迹点法作点的透视

例题 3-1： 已知空间点的基面投影 a 和画面投影 a'，求其透视和基透视，如图 3-7 所示。

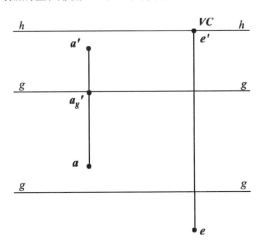

图 3-7　求空间点的透视和基透视

解：由于通过空间点 A 的视线画面投影和基面投影分别是 $e'a'$ 和 ea，那么作图的第一步是分别连接 $e'a'$ 和 ea，求出 ea 与基线 g-g 的交点 a_p。

第二步：连接 $e'a_g'$。

第三步：过交点 a_p 作基线 g-g 的垂线，该垂线与 $e'a'$ 相交于点 A_p，即为点 A 的透视；与 $e'a_g'$ 交于点 a_0，即为点 A 的基透视。作图结果如图 3-8 所示，空间点 A 的透视和基透视求解结果。

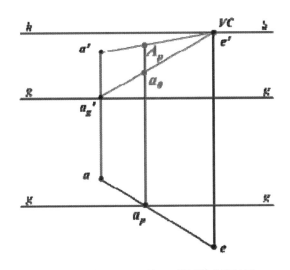

图 3-8　空间点 A 的透视和基透视求解结果

例题 3-2： 已知基面上的一点 C，求作其透视和基透视，如图 3-9 所示。

解：由于点 C 在基面上，根据点的透视特征，那么点 C 的透视和基透视位置重合在一起。作图步骤如下：

第一步：分别连接 $e'c'$ 和 ec，求出 ec 与基线 g-g 的交点 c_p。

第二步：过交点 c_p 作基线 g-g 的垂线，该垂线与 $e'c'$ 相交于点 C_p，即为点 C 的透视；

与 $e'c_g'$ 仍然交于点 C_p，同时表示为 c_0，即为点 C 的基透视。作图结果如图 3-10 所示，为空间点 C 的透视和基透视求解结果。

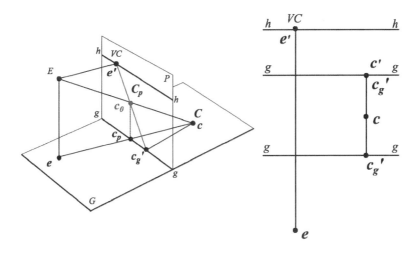

图 3-9　求在基面上点 C 的透视和基透视

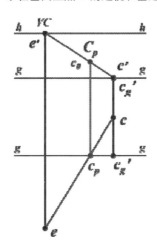

图 3-10　基面上点 C 的透视和基透视求解结果

3.2　直线的透视

本节引言

直线的透视是点的透视的集合，理清点的透视及其画法之后，直线的透视及其画法就会比较容易理解和掌握。本节主要讲解直线的透视形成原理、直线的透视特征、直线的透视画法，为下一节学习面的透视画法最好铺垫。

3.2.1 直线的透视形成原理

直线的透视形成过程就是通过该直线的视平面与画面的交线，是直线上所有点的透视的集合。如图 3-11 所示为直线 AB 的透视和基透视。

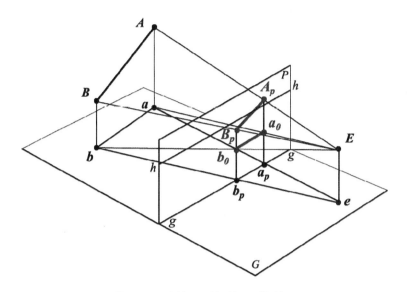

图 3-11　直线 AB 的透视和基透视

如图 3-11 所示，由视点 E 引向直线 AB 上所有的点的视线组成一个视平面，其与画面的交线必然是一条直线，所以 A_pB_p 就是直线 AB 的透视，a_0b_0 是直线 AB 的基透视。因此，直线的透视可由直线上两个端点的透视连接而得，直线的基透视也可由直线上两个端点的基透视连接而得。

3.2.2 直线的透视特征

空间不同位置直线的透视特征，主要有以下几种情况：

(1) 一般情况下，直线的仍为直线。

(2) 当直线通过视点 E 时，其透视在画面上积聚为一点，而基透视为一直线；如图 3-12 所示为通过视点 E 的直线 CD 的透视特征。

(3) 当直线在画面内时，其透视则与其本身重合(即反映实长)。如图 3-13 所示为位于画面内的直线 EF 的透视特征。

(4) 当直线在基面内时，其透视与基透视重合。如图 3-14 所示为位于基面内的直线 GH 的透视特征。

(5) 当直线垂直于基面时，其透视呈现为与该直线平行的直线，而基透视积聚为一点。如图 3-15 所示为垂直于基面的直线 MN 的透视特征。

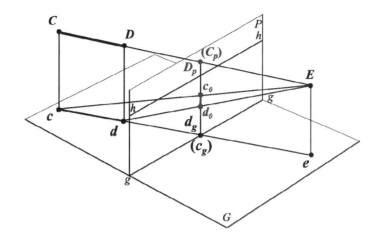

图 3-12 通过视点 E 的直线 CD 的透视特征

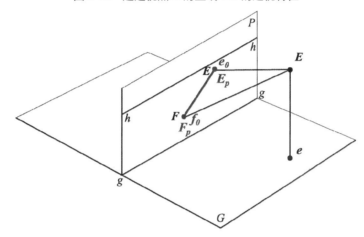

图 3-13 位于画面内的直线 EF 的透视特征

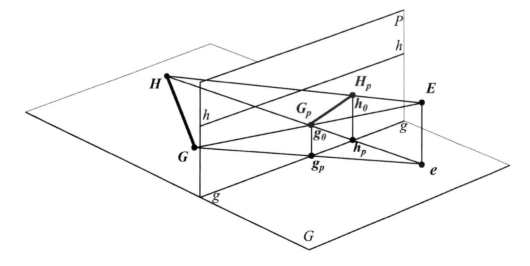

图 3-14 位于基面内的直线 GH 的透视特征

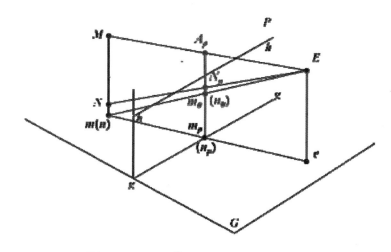

图 3-15 垂直于基面的直线 MN 的透视特征

(6) 直线上的点，其透视仍在直线的透视上。如图 3-16 所示，由于视线 EM 为视线平面 EAB 内的一条直线，所以 EM 与画面的交点必位于视线平面 EAB 与画面的交线 A_pB_p 上。从图 3-16 中还可以看出，点 M 位于直线 AB 上，根据透视原理，点 M 的透视仍在直线的透视上，同时也在该直线的基透视上。

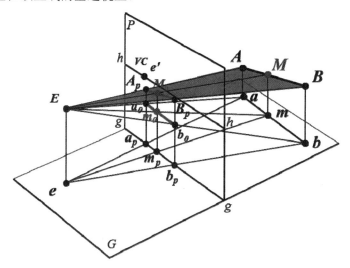

图 3-16 直线上的点，其透视仍在直线的透视上

3.2.3 直线的灭点、画面迹点及全透视

1. 直线的灭点

直线上离画面无限远处的点的透视，称为直线的灭点(亦可称为消失点)。如图 3-17 所示的点 VP，灭点 VP 是直线 AB 上无限远点 P_∞ 的透视，即是过视点 E 引出的一条直线 AB 平行的视线与画面的交点。灭点 VP 在直线透视的延长线上；vp_0 是基灭点，即直线基透视的灭点，并且在直线的基透视的延长线上；vp 是灭点 VP 在基面上的投影。

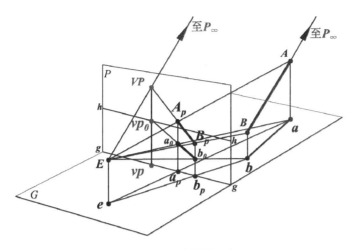

图 3-17　直线的灭点

求作直线灭点的方法：过视点作已知直线的平行线，所作直线与画面的交点即为已知直线的灭点。

2. 直线的画面迹点

直线与画面的交点称为直线的画面迹点。如图 3-18 所示，点 C 为直线 AB 的画面迹点，迹点的透视是其本身，其基透视 c_0 则在基线 $g\text{-}g$ 上。

从图 3-18 可知，直线的透视直线的透视通过直线的画面迹点，而且直线的透视必定在直限的灭点和画面迹点的连线上；直线的基透视必定在直线的基灭点和画面迹点的基透视的连线上。

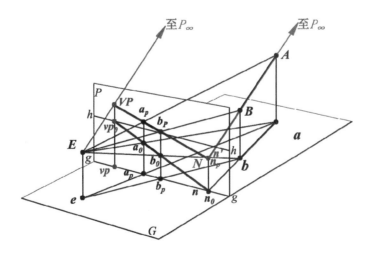

图 3-18　直线的画面迹点

3. 直线的全透视

直线的全透视指的是从直线的迹点 N 到灭点 VP 的连线，是画面之后空间直线延长到无限远处所有点的透视的集合，因此 NVP 为直线全透视(或称为全线透视、透视方向)，如图 3-18 所示。

3.2.4 直线的透视作图方法

直线的透视作图方法一般是采用视线法或者全透视法。其作图步骤如下：
① 先求出点的透视和基透视。
② 分别连接点的透视和基透视。

例题 3-3：已知直线 CD 的基面投影 cd 和画面投影 c'd'，求该直线的透视和基透视，如图 3-19 所示。

解：本例题将画面放在下方，基面放在下方，**采用视线法进行作图**，其作图步骤如下：

(1) 分别连接 ce、de，得出 ce、de 分别与基线 g-g 的交点 c_p、d_p，再分别过 c_p、d_p 作基线 g-g 的垂线；

(2) 分别过 c、d 两点作基线 g-g 的垂线，垂足分别为 d_g' 和 c_g'；

(3) 连接 $c'e'$ 和 $d'e'$，$c'e'$ 与 c_pc_p 的交点 C_p、$d'e'$ 与 d_pd_p 的交点 D_p 即是 C、D 两点的透视，连接 C_p、D_p 即为直线 CD 的透视；

(4) 分别连接 $c_g'e'$ 和 $d_g'e'$，$c_g'e'$ 与 c_pc_p 的交点 c_0、$d_g'e'$ 与 d_pd_p 的交点 d_0 即是 C、D 两点的基透视，连接 c_0d_0 即为直线 CD 的基透视，直线 CD 的透视和基透视的作图结果如图 3-20 所示。

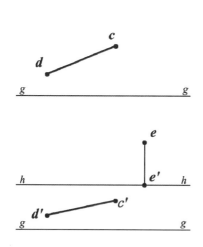

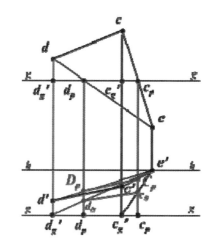

图 3-19　求直线 CD 的透视和基透视　　　　图 3-20　直线 CD 的透视和基透视作图结果

例题 3-4：已知直线 AB 的基面投影 ab 和画面投影 a'b'，求直线 AB 的透视和基透视，如图 3-21 所示。

解：**采用全透视法进行作图**，本例题将画面放在下方，基面放在上方，其作图步骤如下：

(1) 延长 ba，使之相交于基线 g-g 于 n 点，点 n 即为画面迹点 N 在基面上的投影；过 n 点作基线 g-g 的垂线，因画面迹点 N 在画面上，那么其基透视在基线 g-g 上，所以画面迹点的基透视 n_0 与 n 点重合，如图 3-22 所示。

(2) 延长 $b'a'$，使之与基线 g-g 的垂线相交于 n' 点，点 n' 为画面迹点 N 在画面上的投影；

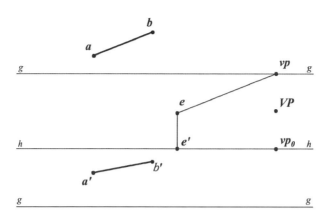

图 3-21 求直线 AB 的透视和基透视

(3) 连接 n'VP，即可确定直线 AB 的透视方向。

(4) 连接 ae、be，与基线 g-g 相交于点 a_p 和点 b_p，然后分别过点 a_p、b_p 作基线 g-g 的垂线 a_pa_p、b_pb_p，该两垂线分别与 n'VP 有交点 A_p、B_p，A_pB_p 即为直线 AB 的透视。

(5) 连接 n_0vp_0 即可确定直线 AB 基透视的方向，n_0vp_0 与垂线 a_pa_p、b_pb_p 的交点 a_0、b_0 即是直线 AB 的基透视。

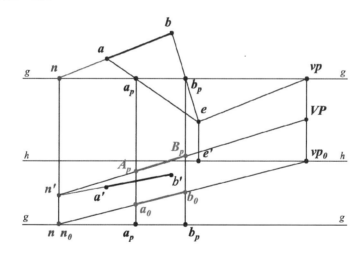

图 3-22 直线 AB 的透视和基透视的作图结果

全透视方法的作图方法总结如下：
(1) 作已知直线的平行线，找出直线的灭点。
(2) 延长已知直线，使之与基线 g-g 相交，找出直线的画面迹点。
(3) 根据灭点和画面迹点，确定直线的透视方向和基透视方向。

上述题目的作图结果显示，一般位置直线的透视灭点 VP 一般不在视平线 h-h 上，要么在视平线上方，要么在视平线下方，但灭点 VP 的基透视 vp_0 保持在视平线 h-h 上。

根据直线与画面的相对位置不同，直线可分为两类：一类是与**画面相交**的直线，该类直线**存在灭点**，其透视可用全透视法或者视线法作图求解；另一类是与**画面平行**的直线，该类直线**没有灭点**，其透视只能用视线法作图求解。

几种特殊类型直线的透视特征及作图方法如下：

1. 基平线的透视

基平线，即与基面平行的直线，属于有灭点的直线，其透视和基透视的灭点在视平线上，并共点，如图 3-23 所示。该类直线具有此共同的特征，可用全透视法来求。

例题 3-5：如图 3-23、图 3-24 所示，基平线 AB 的基面投影 ab，该直线距离基面的高度为 H，求其透视和基透视。利用全透视法的作图步骤如下：

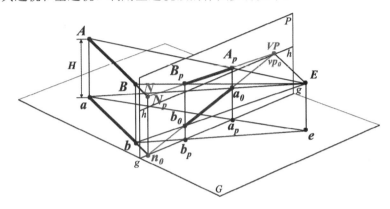

图 3-23　基平线 AB 的透视示意图

解：已知题目给出 h-h、g-g 以及 e、e′ 分别表明画面、基面及视点；给出基平线 AB 的水平投影 ab 及其到基面的高度 H，如图 3-24(a)所示。具体作图步骤如下：

(1) 在基面上延长 ab 交于 g-g 于 n，即直线 AB 的画面迹点 N 的基面投影，因 N 点在画面内，则 N 的透视 N_p 在画面内，基透视 n_0 在基线 g-g 上，并与 n 点位置重合。

(2) 因直线 AB 是基平线，则其到基面的高度为 H。过 n 点作基线 g-g 的垂线，并向上延长，与画面内的 g-g 线交于 n 点，然后截取 $nN=H$，点 N 即为直线 AB 的画面迹点。

(3) 过点 e 作 ab 的平行线与 g-g 交于 vp，再过 vp 作 g-g 的垂线交于 h-h 于 VP 点，点 VP 即是直线 AB 的灭点，同时也是直线 AB 基透视的灭点；

(4) 将 N、VP 及 n、VP 相连，即得直线 AB 的全长透视 NVP 及其全长基透视 nVP；

(5) 将点 e 与 a、b 两点相连，则 ea 与 eb 分别与 g-g 交于 a_p、b_p；再过 a_p、b_p 向上引垂线，分别与 NVP、nVP 交得 A_pB_p、a_0b_0，即基平线 AB 的透视和基透视，如图 3-24(b) 所示。

2. 画平线的透视

画平线，即平行于画面的直线。属于无灭点的直线，其灭点在无穷远处无灭点直线同时也无迹点，因而不能用全透视法来求其透视；画平线的透视与其本身平行，并成比例，且直线与基面的倾角 α 也等于其透视与基线的倾角 α，而且画平线的基透视平行于基线。如图 3-25 所示可知，**该类直线具有此共同的特征，可用视线法来求**。

第3章 基本几何元素的透视

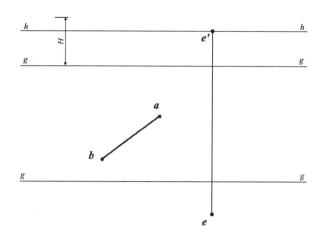

(a)

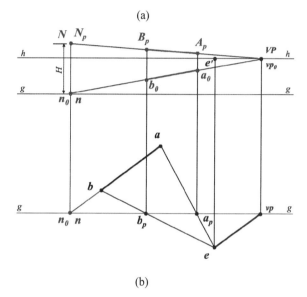

(b)

图 3-24 基平线 AB 的透视作图

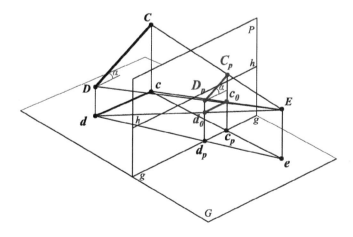

图 3-25 画平线 CD 的透视示意图

例题 3-6： 已知直线 CD 是画面平行线，并给出 CD 的水平投影 cd 及其正面投影 $c'd'$，如图 3-26(a)所示，求画平线 CD 的透视和基透视。

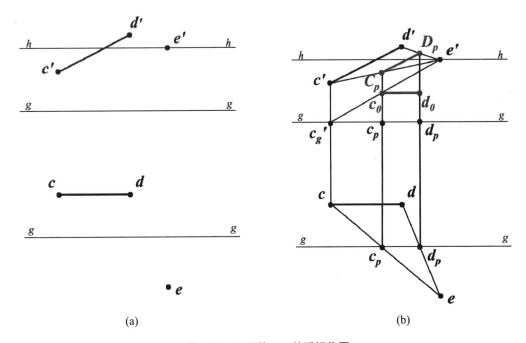

图 3-26　画平线 CD 的透视作图

解：利用视线法作图的步骤如下：

(1) 连接 ce、de，分别与基线 $g\text{-}g$ 交于点 c_p、d_p。

(2) 连接 cc'，与基线 $g\text{-}g$ 交于点 c_g'，然后连接 $c_g'e'$、$c'e'$、$d'e'$。

(3) 分别过点 c_p、d_p 向上引垂线与 $c'e'$ 交于点 C_p，与 $d'e'$ 交于点 D_p，与 $c_g'e'$ 交于点 c_0，即得到直线 CD 的透视和点 C 的基透视。

(4) 因画平线的基透视平行于基线 $g\text{-}g$，所以可过点 c_0 作基线 $g\text{-}g$ 的平行线，与垂线 D_pd_p 的交点 d_0 即为端点 D 的基透视，故 c_0d_0 是直线 CD 的基透视。

例题 3-7： 已知画平线 AB 的水平倾角为 $45°$，且点 A 高于点 B，求作直线 AB 的透视和基透视，如图 3-27(a)所示。

解：本例题将画面放在下方，基面放在上方，利用视线法作图的步骤如下：

(1) 因画平线 AB 的水平倾角为 $45°$，且点 A 高于点 B，所以过 a' 点向右下方作 $45°$ 直线，再过 b 点向下引垂线与基线 $g\text{-}g$ 交于点 b_g'，所作的 $45°$ 直线与垂线 bb_g' 的交点即为端点 B 的画面投影 b'。

(2) 连接 ae、be 与基线 $g\text{-}g$ 交于点 a_p、b_p，然后过 a_p、b_p 两点向下引垂线。

(3) 连接 $a'e'$、$b'e'$，与垂线 a_pa_p、b_pb_p 交于点 A_p、B_p，A_pB_p 即为直线 AB 的透视。

(4) 过点 a' 向下引垂线与基线 $g\text{-}g$ 交于点 a_g'，连接 $a_g'e'$、$b_g'e'$ 与垂线 a_pa_p、b_pb_p 交于点 a_0、b_0，a_0b_0 即为直线 AB 的基透视。

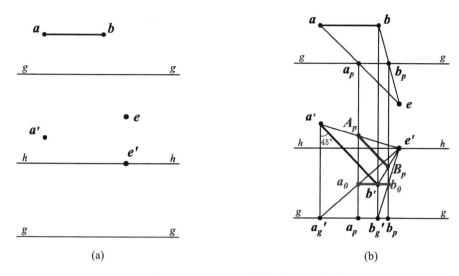

图 3-27 画平线 AB 的透视作图步骤及结果

注：除上述的作图步骤之外，可以利用画平线的特征：画平线的透视与其本身平行，并成比例，且直线与基面的倾角 a 也等于其透视与基线的倾角 a，而且画平线的基透视平行于基线，根据这一特征，可以不用求出点 B 的画面投影 b'，该方法的作图步骤如下：

(1) 连接 ae、be 与基线 g-g 交于点 a_p、b_p，然后过 a_p、b_p 两点向下引垂线，得出的垂线是 $a_p a_p$、$b_p b_p$。

(2) 因画平线 AB 的水平倾角为 45°，且点 A 高于点 B，所以过 a' 点向右下方作 45°直线。

(3) 连接 $a'e'$，与垂线 $a_p a_p$ 交于点 A_p 即为端点 A 的透视；因直线 AB 是画平线，其透视平行于其本身，所以过点 A_p 作 45°直线的平行线与 $b_p b_p$ 交于点 B_p，即为端点 B 的透视，那么 $A_p B_p$ 即为直线 AB 的透视。

(4) 过点 a' 作基线 g-g 的垂线 $a'a_g'$，连接 $a_g'e'$ 与垂线 $a_p a_p$ 交于点 a_0，即为端点 A 的基透视；因直线 AB 是画平线，其基透视平行于基线 g-g，所以可过点 a_0 作基线 g-g 的平行线与垂线 $b_p b_p$ 交于点 b_0，即为端点 B 的基透视，$a_0 b_0$ 即为直线 AB 的基透视。作图结果如图 3-28 所示。

3. 基垂线的透视

基垂线，即是垂直于基面的直线。这种直线仍是画平线，是画平线的一种特殊情况，属于无灭点的直线，它具有一般画平线的透视特征，即其透视与其本身平行(仍是基垂线)，基透视积聚为一点，如图 3-29 所示为基垂线 MN 的透视示意图。

例题 3-7：求基垂线 MN 的透视和基透视。如图 3-30 所示为基垂线 MN 的透视作图。

解：利用视线法作图的步骤如下：

(1) 绘出基垂线 MN 的基面投影 mn 及画面投影 $m'n'$。

(2) 连接 $m'e'$、$n'e'$，并过点 m' 向下引垂线与基线 g-g 交于点 m_g'、n_g'，因端点 M、N 在基面上是一对重影点，所以点 m_g'、n_g' 位置重合，表示为 $m_g'(n_g')$，并连接 $m_g'(n_g')e'$。

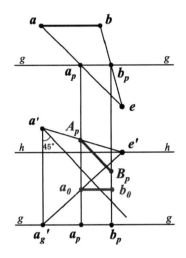

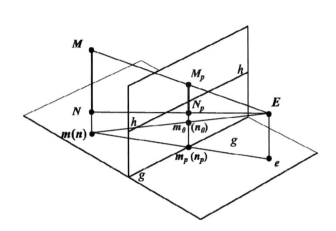

图 3-28 画平线 AB 的透视作图结果　　　　图 3-29 基垂线 MN 的透视示意图

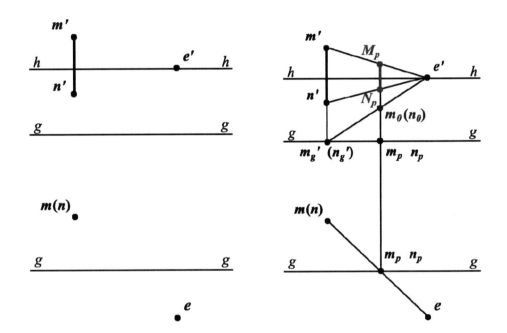

图 3-30 基垂线 MN 的透视作图

(3) 将站点 e 与点 m、n 相连，与基线 g-g 交于点 m_p、n_p，过点 $m_p(n_p)$ 向上引垂线，分别与 $m'e'$、$n'e'$、$m_g'(n_g')e'$ 交于点 M_p、N_p、m_0、n_0，即求出了基垂线 MN 的透视和基透视，如图 3-30 所示。

4. 画垂线的透视

画垂线，即垂直于画面的直线。这种直线属于基平线的一种特殊情况，存在灭点，并且灭点在视平线 h-h 上，和视中心 e'(VC) 位置重合，其迹点 N 与其正投影重合。该种直线可用全透视法或者视线法来求，如图 3-31 所示为画垂线 AB 的透视示意图。

第3章 基本几何元素的透视

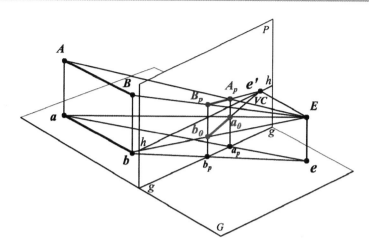

图 3-31 画垂线 AB 的透视示意图

例题 3-8： 求画垂线 AB 的透视和基透视。如图 3-32 所示为画垂线 AB 的透视作图。

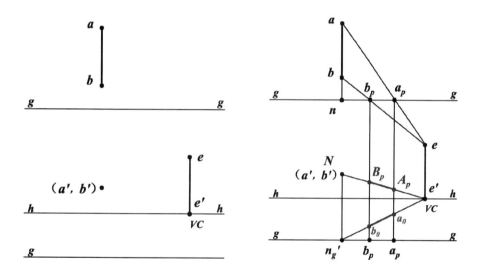

图 3-32 画垂线 AB 的透视作图

解： 由于画垂线垂直于画面，所以其灭点与视中心 $e'(VC)$ 位置重合，而其迹点 N 则应与其画面投影 $a'b'$ 重合，其透视可用全透视法来求。具体作图步骤如下：

(1) 延长 ab 与基线 g-g 交于 n 点，点 n 即为画面迹点 N 在基面上的投影，画面迹点 N 的画面投影与 a'、b' 点位置重合，如图 3-32 所示。

(2) 连接 ae、be 与基线 g-g 交于点 a_p、b_p，再过 a_p、b_p 两点向下引垂线。

(3) 过点 N 作基线 g-g 的垂线交于 n_g'，连接 $n_g'e'$、Ne'，与垂线 a_pa_p、b_pb_p 分别交于点 A_p、B_p、a_0、b_0，即 A_pB_p、a_0b_0 为画垂线 AB 的透视和基透视。

对于多条直线的相互关系的透视，这里不再作深入讲述，只需强调两点：一是相交直线的透视必然相交，且交点的透视必然是其透视的交点；二是相互平行且与画面相交的直线必有共同的灭点。

3.2.5 真高线与集中真高线

1. 真高线

位于画面上的直线的透视即为直线本身,能反映该直线的实长,所以将画面上的基垂线称为透视图中的真高线。

利用真高线可以方便地确定出透视图中某一点处基垂线的高度或某一点的透视高度。如图 3-33 所示为求空间点 A 的透视和基透视,可以使点 A 离基面的高度等于 Aa。先将 Aa 沿着水平方向移到画面上,即 A_1a_1 为画面内的铅垂线,并且 $A_1a_1=Aa$、点 a_1 位于基线 g-g 上;过视点 E 作 AA_1 的平行线与视平线 h-h 的交点 VP 即为 AA_1 的灭点(因 AA_1 是与基面平行的直线,其透视和基透视的灭点在视平线上,并共点),那么 EA 与 A_1VP 的交点 A_p、Ea 与 a_1VP 的交点 a_0 分别是点 A 的透视和基透视,那么 A_1a_1 即为 A_pa_0 的真高。

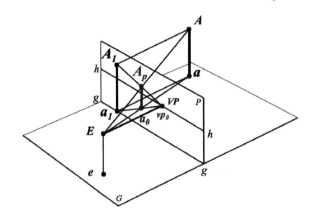

图 3-33 利用真高线求透视示意图

确定透视图中某一点处基垂线的高度或某一点的透视高度和透视位置与真高线在画面内的位置无关(图 3-34),将真高线 A_1a_1 移动到画面的右侧,点 A 的透视高度 A_pa_0 以及位置并没有改变。

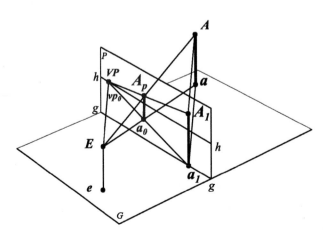

图 3-34 真高线在画面内的位置不影响透视高度和透视位置

利用真高线求透视图中某一点处基垂线的高度或某一点的透视高度的作图结果与利用视线法或者全透视法的作图结果相同,如图 3-35 所示。

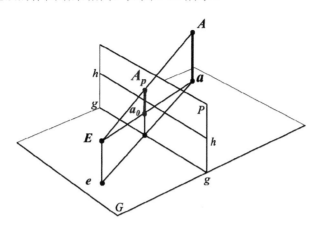

图 3-35　利用视线法所作的点 A 的透视高度和位置

在展开图中真高线的应用如图 3-36 所示求空间铅垂线(也称基垂线)的透视以及透视高。

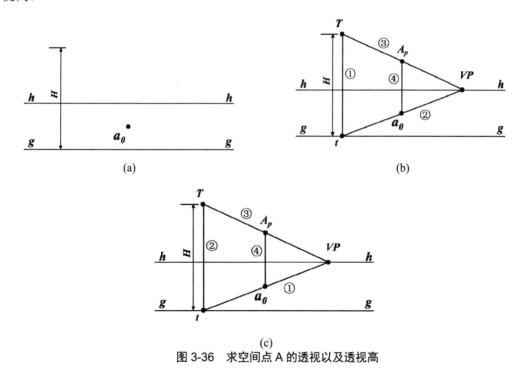

图 3-36　求空间点 A 的透视以及透视高

为求过 a_0 所作铅垂线的透视,并使其真实高度等于 H,有两种作法可以求出,详细作法如下:

第一种方法:如图 3-36(b)所示,可以先在基线 g-g 上适当位置取一点 t,自 t 点作高度为 H 的真高线 tT,连接 t、a_0 并使之延长至 h-h 相交得灭点 VP,再连接 VP、T 两点;再过 a_0 点作 h-h 的垂线与 VPM 相交得到 A_p,则 A_pa_0 就是真高为 H 的铅垂线的透视和透视高度。

第二种方法：如图 3-36(c)所示，可以先在 h-h 上适当位置找一灭点 VP，连接 VP、a_0 点并延长至 g-g 相交得一点 m，过 t 点向上引 g-g 的垂线，量取 tT 等于 H，再连接 T、VP 两点，TVP 与 a_0 处的垂线交于点 A_p，则 A_pa_0 就是真高为 H 的铅垂线的透视和透视高度。

2. 集中真高线

在透视作图中，有时要确定出不同位置点的透视高的真高，为了避免每确定一点的透视高度就要画出一条真高线，则可集中利用一条共用的真高线确定出图中所有不同位置点的透视高度，这种共用的真高线称为集中真高线(图 3-37)，已知 a_0、b_0、c_0、d_0 点，利用集中真高线 Tt 求各铅垂线的透视 A_pa_0、B_pb_0、C_pc_0、D_pd_0，其中 A_pa_0、B_pb_0 的真实高度等于 $h1$，C_pc_0 的真实高度等于 $h2$，D_pd_0 的真实高度等于 $h3$。集中真高线和灭点可根据图面布置情况定在适当位置，作图步骤可选择图 3-36(b)、图 3-36(c)所示的两种方法进行。

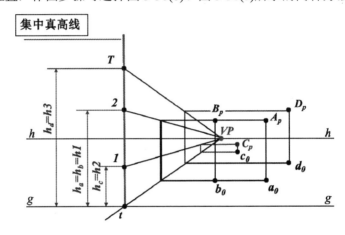

图 3-37 集中真高线

通过利用集中真高线作透视图的过程，可以总结出以下几点：

(1) 在利用集中真高线作图时，必须先有真高，然后根据点或者直线在空间的位置来确定其透视高度。

(2) 直线或者点的透视情况与所找的灭点位置无关，但是灭点必须在视平线上。

(3) 直线或者点的透视情况与真高线的位置无关，但是真高线必须与基线垂直相交。

例题 3-9：已知画平线 CD 的基透视及 C、D 点到基面的距离分别为 50mm、100mm，求作该直线的透视，如图 3-38 所示。

解：利用集中真高线作图的步骤如下：

(1) 先在 h-h 上适当位置取一灭点 VP。

(2) 连接 VP、c_0 并延长至 g-g 交于点 t，过点 t 向上引垂线作为点 C、D 的集中真高线，在该真高线上以点 t 为起点向上量取 50mm 和 100mm，分别确定 C、D 两点的最高点，即在真高线上的真高。

(3) 连接 VP 和 C 点的最高点与过 c_0 的垂线交于 C_p，即为点 C 的透视，C_pc_0 为点 C 的透视高。

(4) 因点的透视和基透视在同一条铅垂线上，结合上述步骤求出点 D 的透视 D_p，D_pd_0 为点 D 的透视高，如图 3-38(b)所示 C_pD_p 即为直线 CD 的透视。

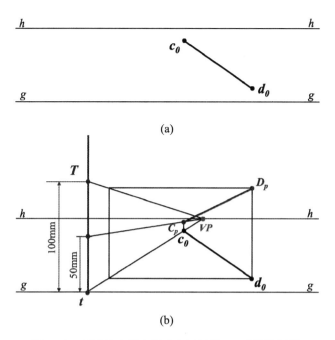

图 3-38 利用集中真高线求出画平线 CD 的透视结果

3.3 平面图形的透视

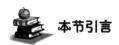

本节引言

平面图形的透视是点以及直线的透视集合，在理解了点、直线的透视的基础上，深入学习平面图形的透视为学习形体透视打下基础。本节主要介绍平面图形透视的若干情况，以及平面直边形和平面曲边形的透视画法。

3.3.1 平面图形透视的概念及几种情况

1. 平面图形的概念

平面图形包含平面直边形和平面曲边形。本节将这两种类型的平面图形分别进行讲述。平面图形的透视就是构成平面图形周边的轮廓线的透视，如图 3-39 所示。

2. 平面图形透视的几种情况

(1) 平面直边形透视的几种情况

一般情况下，平面直边形的透视和基透视仍为平面直边形，而且边数仍保持不变。如图 3-40 所示的是一个矩形 $ABCD$ 的透视图，该矩形的透视图 $A_pB_pC_pD_p$ 与其基透视 $a_0b_0c_0d_0$ 均为各边不平行的四边形，从透视图中可以看出，矩形 $ABCD$ 各边平行于基面。

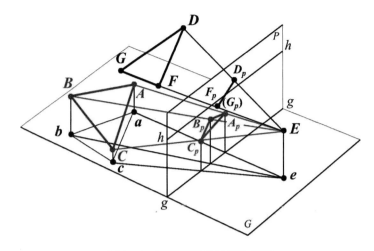

图 3-39 平面图形的透视示意图

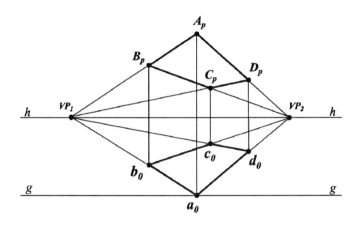

图 3-40 平面直边形的透视

如果平面直边形所在的平面通过视平面,其透视积聚为一直线,而其基透视仍为一个多边形,如图 3-41 所示的矩形 ABCD 就是扩大后通过视点 E 的平面图形,其透视 $A_pB_pC_pD_p$ 积聚为一直线段。

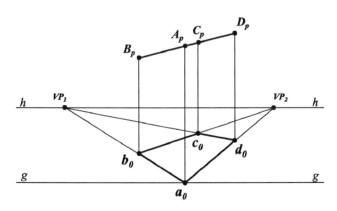

图 3-41 特殊平面直边形的透视

如果平面直边形处于铅垂位置，其在基面上的投影积聚为一直线，其基透视仍为一个多边形，而其透视为一直线，如图 3-42 所示。

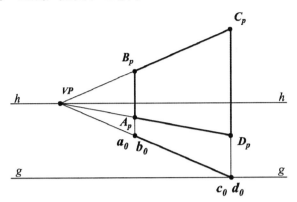

图 3-42　特殊平面的透视

(2) 平面曲边形透视的几种情况

这里只介绍以圆为主的平面曲边形的透视情况。一般情况下，平面曲边形的透视仍为平面曲边形，那么，在一般情况下，圆的透视为椭圆。

如果圆与画面平行，则其透视仍为圆。圆的透视的大小由圆距离画面的远近而定，表现出近大远小的关系。在这种情况下，其透视的绘制只需求出圆心的透视位置及其对应半径的透视长度即可，如图 3-43 所示是圆筒形的透视。圆筒的前端位于画面上，其透视就是它本身(反映实形)。后端面的透视为缩小了的圆，其圆心 o_1 的透视 O_{1p} 用视线法求得，过 O_{1p} 点作对称中心线，与过 A_p、B_p 的全长透视交得 A_{1p}、B_{1p}，以 $O_{1p}A_{1p}$ 为半径作圆，再作两圆的公切线，即完成圆筒的透视。

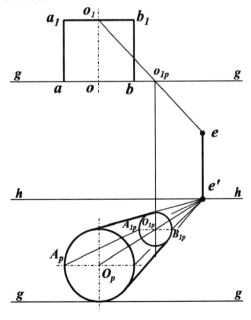

图 3-43　圆筒形的透视

如果圆与画面相交，则其透视为椭圆。如图 3-44 所示为圆的透视。假定正立方体各个面上都有圆，即有水平圆和铅垂圆。无论是水平圆还是铅垂圆都是与画面相交的圆，其透视一般都是椭圆。为了画出圆的透视椭圆，通常是采用八点法进行作图，即利用圆的外切正方形的四个切点和正方形对角线上的四个交点，求出此八个点的透视位置后，再把它们光滑地连接成椭圆，即可得到圆的透视。

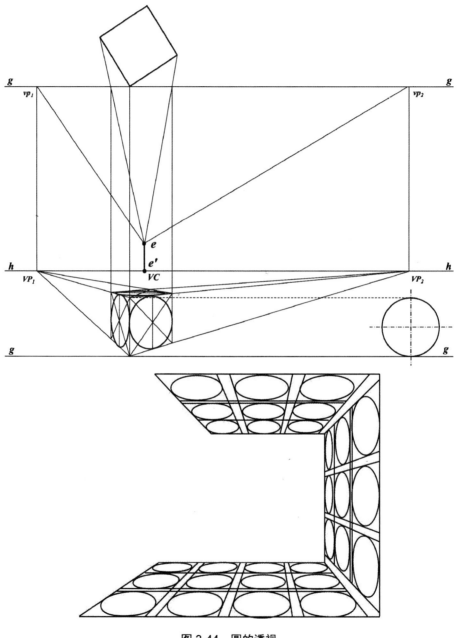

图 3-44　圆的透视

如果圆平面通过视点 E 时其透视积聚为一条直线，在画形体的透视时这种情况应当避免。

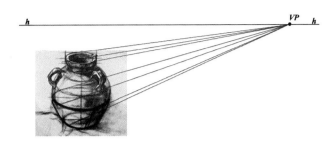

图 3-45　圆的透视应用

3.3.2　平面图形的透视作图方法

这里只介绍基面上的平面图形的透视作法，为以后画立体透视做准备。其他位置的平面图形画法则需要结合立体透视，相关的作图方法将在后面的章节介绍。

1. 平面直边形的透视作图方法

例题 3-10：求作基面上平面矩形 $ABCD$ 的透视，如图 3-46(a)所示。

解：这里应用视线法进行作图，即用直线段的全长透视和视线的基面投影与画面的交点求透视的方法。具体作图步骤如下：

(1) 通过观察图形，点 B 在画面内，点 C 在画面前，可知该平面图形有一部分位于画面前面，那么点 B 的透视在画面内与其本身位置重合，所以首先确定点 B_p 的位置，如图 3-46(b)所示。

(2) 过 e 点作 evp_1 // cd，evp_2 // bc，然后过 vp_1、vp_2 作垂线与 h-h 交得灭点 VP_1、VP_2。

(3) 因点 B 在画面内、点 C 在视点和视中心的连线上，所以连接 B_pVP_1 以确定点 A 的透视位置，连接 VP_2B_p 并延长与 ee' 交得点 C_p，即为点 C 的透视，然后连接 C_pVP_1。

(4) 分别连接 ed、ea 与 g-g 基线交得 d_p、a_p，并分别向上引垂线与 C_pVP_1、B_pVP_1 交得点 D_p、A_p 即是点 D、A 的透视。

(5) 连接 D_p、A_p 并延长至 h-h 交于灭点 VP_2。如图 3-46(b)所示的四边形 $A_pB_pC_pD_p$ 即为平面矩形 $ABCD$ 的透视。

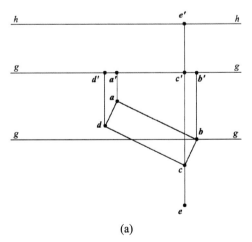

(a)

图 3-46　基面上平面矩形 $ABCD$ 的透视作图结果

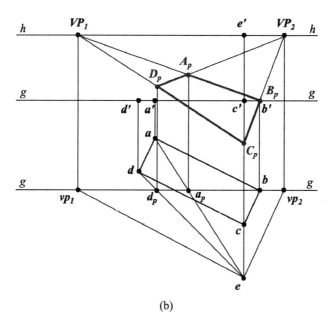

(b)

图 3-46 基面上平面矩形 ABCD 的透视作图结果(续)

例题 3-11：求作平面图形 OPQRST 的透视。如图 3-47 所示，已知平面图形 OPQRST 的投影 opqrst，并给定基线 g-g 和站点 e 的位置，视高为 H。

解：这里应用全透视法进行作图，即用直线段的全长透视的交点求透视的方法。具体作图步骤如下：

(1) 已知视高为 H，那么以基线 g-g 为起点向上量取 H 以确定视平线 h-h 的位置，如图 3-47(b)所示。

(2) 先求边线的灭点。因图形在两个方向上均有相互平行的两组边线与画面相交，故有两个灭点。作 evp_1 // st、evp_2 // rs 与基线 g-g 分别交于点 vp_1 和 vp_2，然后在点 vp_1 和 vp_2 分别向上引垂线与视平线 h-h 交于点 VP_1 和 VP_2，点 VP_1 即为同方向的 st、op、rq 的灭点，点 VP_2 即为同方向的 rs、qp、ot 的灭点。

(3) 因 o 点在画面内，故其透视与其本身位置重合，即为 O_p 为点 o 的透视。

(4) 延长 sr、pq、st、rq，分别与 g-g 交于点 n_1、n_2、n_3、n_4，即为画面迹点 N_1、N_2、N_3、N_4 在基面上的投影，这些迹点的透视即为 N_{1p}、N_{2p}、N_{3p}、N_{4p}，如图 3-47(b)所示。

(5) 连接 $N_{1p}VP_2$、$N_{2p}VP_2$、O_pVP_2 以确定 sr、pq、st 的透视方向；连接 $N_{3p}VP_1$、$N_{4p}VP_1$、O_pVP_1 以确定 st、rq、op 的透视方向；然后将这些连接交点标记为点 P_p、Q_p、R_p、S_p、T_p 即为该平面图形各个顶点的透视。

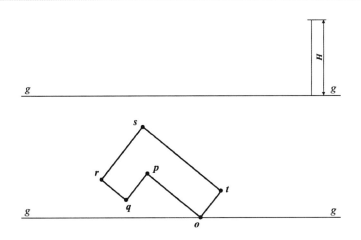

(a)

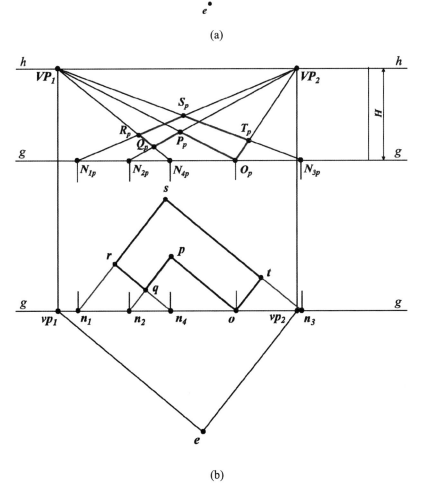

(b)

图 3-47 平面图形 *OPQRST* 的透视求解结果

2. 平面曲边形的透视作图方法

平面曲边形的透视作图需要借助于辅助点来完成，对于圆来讲，用圆的外切正方形，即八点法进行作图。**所谓的八点法即是利用圆周的外切正方形的 4 个切点和正方形对角线上的 4 个交点，求出此 8 个点的透视后位置后再用平滑的曲线连接起来即为圆的透视。**

例题 3-12：求作水平圆的透视，如图 3-48 所示。

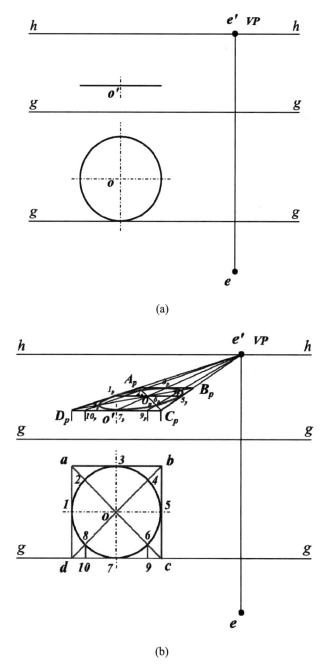

图 3-48　水平圆的透视求解结果

解：这里应用八点法进行作图，作图步骤如下：

(1) 作圆的外切正方形 abcd，并连接对角线 ac、bd，外切正方形与圆的切点为 1、3、5、7；圆与正方形的对角线交于点 2、4、6、8。

(2) 分别过点 6、8 点作基线 g-g 的垂线交于点 9、10。

(3) 作出圆外切正方形的透视 $A_pB_pC_pD_p$，并连接对角线 A_pC_p、B_pD_p，即可求出圆心 O 的透视 O_p。

(4) 因点 9、10 在画面内，所以即可直接求出该两点的透视，见图 3-50b 所示的点 9_p、10_p，然后连接 9_p VP、10_p VP 与对角线 A_pC_p、B_pD_p 交于点 2_p、4_p、6_p、8_p 即为圆上点 2、4、6、8 的透视。

(5) 过点 O_p 作 C_pD_p 的平行线与 A_pD_p、B_pC_p 交于点 1_p、5_p 即为点 1、5 的透视。

(6) 连接点 o'、VP 与 A_pB_p 交于点 3_p 即为点 3 的透视。

(7) 因点 7 在画面内，故其透视 7_p 与点 o' 的位置重合。

(8) 将 1_p、2_p、3_p、4_p、5_p、6_p、7_p、8_p 点用平滑的曲线连接起来即为该圆的透视，如图 3-48(b) 所示。

例题 3-13：求作铅垂圆的透视，如图 3-49 所示。

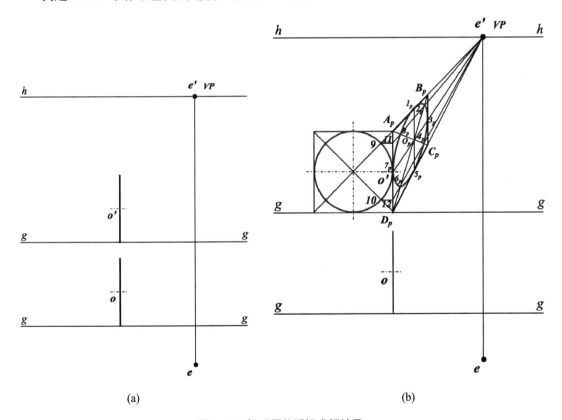

图 3-49 铅垂圆的透视求解结果

解：因该圆属于铅垂圆，其在两个投影面上的投影都积聚为等长的直线段，如图 3-49(a) 所示，其透视的作图步骤如下：

(1) 在画面内作一个辅助圆及其外切正方形，并作出其对角线，该辅助圆与对角线的其中两个交点为 9、10，并作铅垂圆在画面上积聚投影的垂线，垂足为点 11、12。

(2) 先求出铅垂圆外切正方形的透视 $A_pB_pC_pD_p$，并连接对角线 A_pC_p、B_pD_p，即可求出圆心 O 的透视 O_p。

(3) 过点 O_p 作 A_pD_p 的平行线与 A_pVP、D_pVP 交于点 1_p、5_p。

(4) 连接点 $11VP$、$12VP$ 与 $A_pB_pC_pD_p$ 的对角线交于点 2_p、4_p、6_p、8_p。

(5) 连接点 o'、VP 与 B_pC_p、A_pD_p 交于点 3_p、7_p。

(6) 将点 1_p、2_p、3_p、4_p、5_p、6_p、7_p、8_p 用平滑的曲线连接即为铅垂圆的透视，如图 3-49(b)所示。

例题 3-12、3-13 的作图可简化为图 3-50 所示。

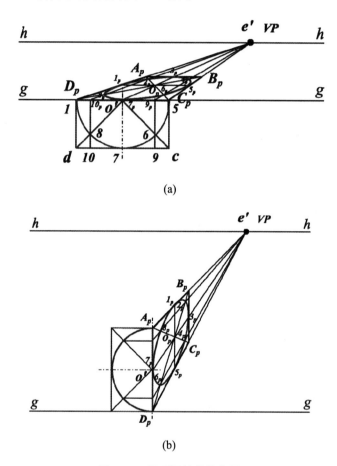

图 3-50　铅垂圆的简化作图

思考与练习

1. 点的透视形成原理、透视特征及透视作图方法。
2. 直线的透视形成原理、透视特征及透视作图方法。
3. 平面的透视形成原理、透视特征及透视作图方法。

4. 曲面的透视形成原理、透视特征及透视作图方法。
5. 已知空间点的基面投影 a 和画面投影 a'，求其透视和基透视。

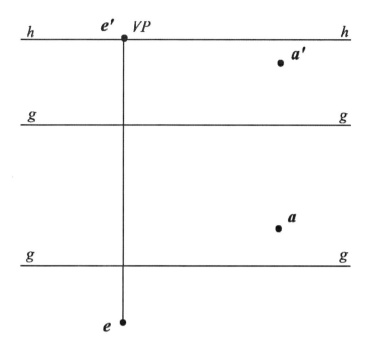

6. 已知画面上一点 b，求其透视和基透视。

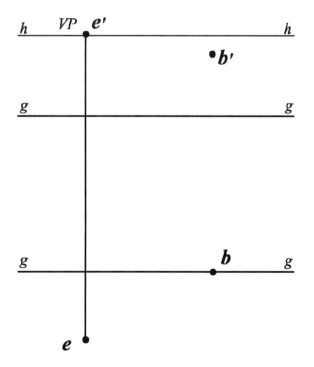

7. 求下图画平线 cd 的透视和基透视。

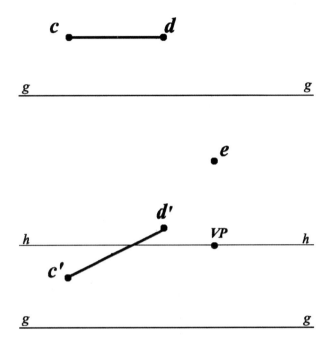

8. 已知平线 ab 的水平倾角为 60°，且点 A 高于点 B，求作直线 AB 的透视和基透视。

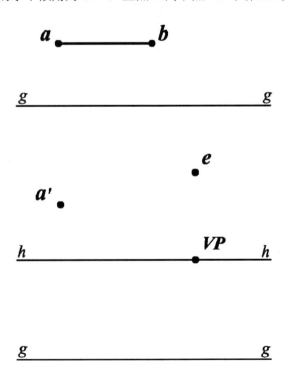

9. 如下图已知点 m 的高度为 50mm，求作基面平行线 mn 的透视和基透视。

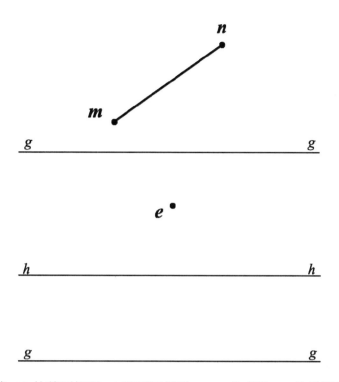

10. 已知直线 AB 的基面投影 ab 和画面投影 a'b'，求直线 AB 的透视和基透视(用全透视法作图)。

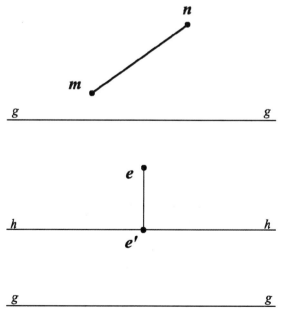

11. 求作下列 a、b、c 三点的透视。

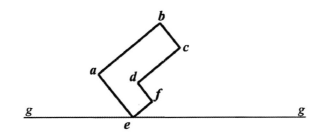

12. 求作下图平面图形的透视。

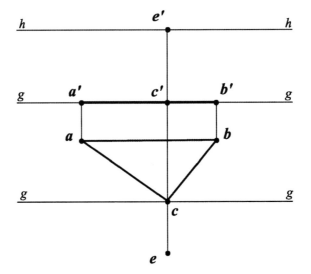

13. 求作基面上平面三角形 abc 的透视。

14. 已知下图平面矩形 *abcd* 与基面、画面均无平行或垂直关系，求作其透视。

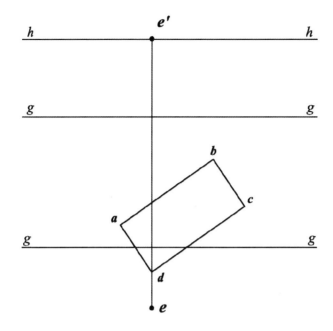

15. 求作下列平面图形 *abcde* 的透视。

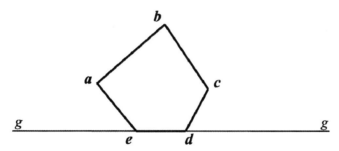

16. 求作基面上圆的透视。

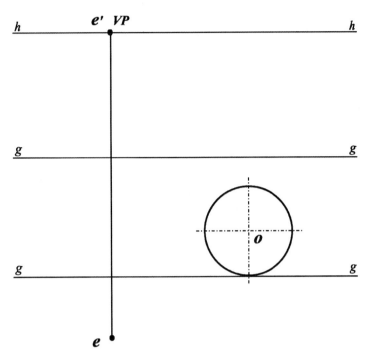

17. 求作椭圆图形的透视。

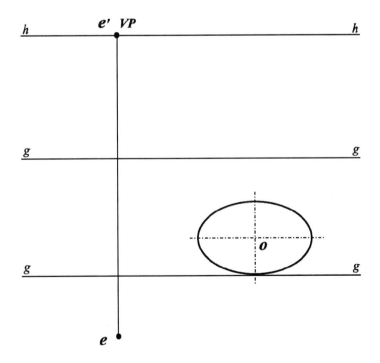

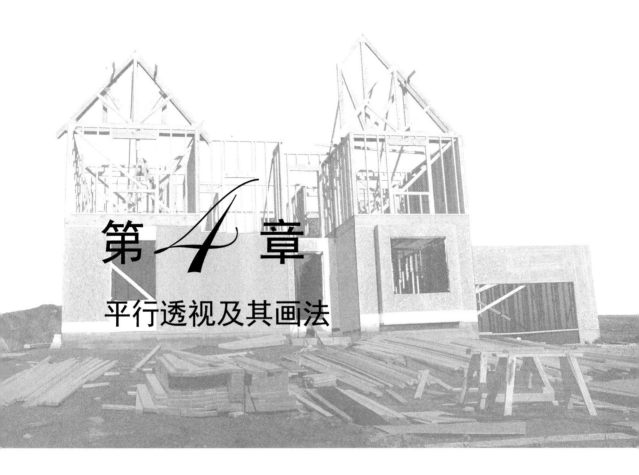

第 4 章 平行透视及其画法

本章学习要点

- 平行透视的形成原理
- 掌握平行透视的规律与特点
- 掌握平行透视的基本绘图法
- 了解平行透视的应用案例

本章要求和目标

- 要求：掌握平行透视的形成原理；掌握平行透视的规律与特点；掌握平行透视的基本绘图法；了解平行透视的应用案例。
- 目标：平行透视是设计和美术专业应用较多的一种表现手法。要求学生掌握平行透视的形成规律、特点以及画法，并能够在设计中熟练应用。

课时安排

8 课时。

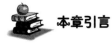 **本章引言**

平行透视是最基本的透视方法，但学习过程中所涉猎的透视现象基本上包括了空间进深、近大远小等透视特征，掌握平行透视对深入学习其他透视方法意义重大。

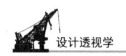

4.1 平行透视概述

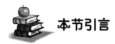

平行透视是本书第一个展开讲述的透视类型，也是所有透视中最为基本的形式，对它的学习是合理、深入研究整个透视体系的基础和前提。本节主要讲解平行透视的概念、规律和特点，为下一节平行透视的画法做好铺垫。

4.1.1 平行透视的形成原理

在日常生活中，当人们平视物体时，根据中心投影原理，当物体投影在视域内的透明玻璃平面上时，只要有一个面与透明玻璃平面平行，这个物体就在人的视觉上呈现平行透视关系，如图 4-1 所示的平行透视示意图。物体侧面的棱线与透明玻璃平面垂直，并在视觉上延伸至平面中的一点后消失。这是一种常见的透视关系，给人一种深远、对称、稳定的视觉感受，如图 4-2～图 4-4 所示。

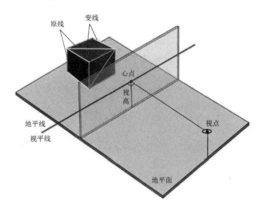

图 4-1 平行透视示意图

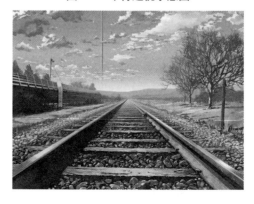

图 4-2 远去的火车轨道

第4章 平行透视及其画法

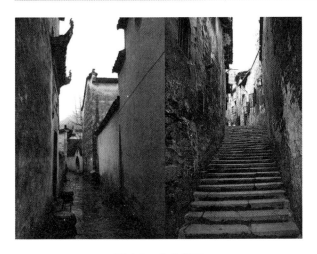

图4-3 小巷幽深

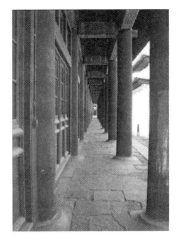

图4-4 走廊

4.1.2 平行透视的概念

平行透视是本书讲述的第一个最基本的透视类型,是所有透视中最为基本的透视形式,对它的学习是合理、深入研究整个透视体系的前提。

当形体的两组主要轮廓线平行于画面时,则第三组主向轮廓线必然与画面垂直相交,其灭点 VP 与视中心 VC 或 e 或心点位置重合,如图4-5所示,这样画出的透视只有一个主向灭点,称为一点透视,由于形体的一个主立面平行于画面,所以也称为平行透视。

当站点(视点)位置改变时会产生不同的透视效果,如图4-5所示。

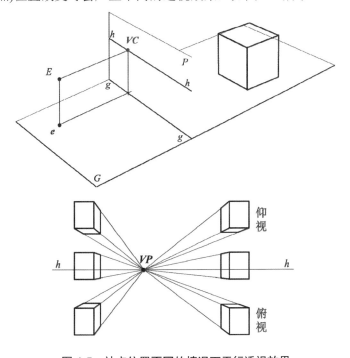

图4-5 站点位置不同的情况下平行透视效果

4.1.3 平行透视的规律和特点

平行透视作为最基本的透视形式，它的透视规律和特点是其他透视类型的参照。

1. 平行透视的规律

(1) 人的视线方向为平视。
(2) 只有一个灭点，并且该灭点与视中心 VC 位置重合。
(3) 形体存在与画面平行的面。
(4) 所有与画面平行的线，其透视与原线平行。
(5) 所有与画面垂直的线，其透视汇聚于一点。

2. 平行透视的特点

(1) 作图相对简便，只需将形体与画面平行的主棱面呈实形或成比例缩小、放大。
(2) 只要保持形体中有一组平行面与画面平行，就与视点、画面构成了平行透视关系。
(3) 在平行透视关系中，形体、画面与视点三者相对位置的细微变化会直接影响透视图的形状。
(4) 透视效果容易失真，而且缺乏美感。因为对于单个形体，为了使其透视效果富有立体感，通常将视点设在反映出形体三个侧面的位置，要求视点偏向形体的某一侧，这样就可能产生比较严重的失真效果。为了减少失真，视点最适宜置于形体左上方、左下方、右上方或者右下方的位置。
(5) 限制了形体与画面位置调整的灵活性。因为只有有一组平行面与画面平行才能形成平行透视；形体中若所有的面都不平行于画面，就构不成平行透视。
(6) 平行透视图适合表现室内设计、街心广场、园林景观或者一个主棱面形状较复杂的建筑物的透视图。图 2-17 所示为平行透视的应用实例。

4.2 平行透视的基本绘图技法

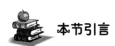

平行透视的基本绘图方法主要有视线法、距点法、量点法三种，本节对这三种方法的研究将对其他种类的透视起到指引和巩固作用，所以学习这三种方法是掌握平行透视的基本条件。

4.2.1 平行透视的绘图技法

平行透视的基本绘图方法主要包括视线法、距点法、量点法三种。

1. 视线法

视线法的原理就是将视点与形体顶视图的各点相连,利用视线与画面的交点(又称视线迹点)在基面上的投影点,过投影点引垂线,然后与连接灭点的画面投影线相交,即可求形体透视的方法。如图 4-6 所示为求正立方体的平行透视图的步骤及结果,该立方体其中一个面在画面内。

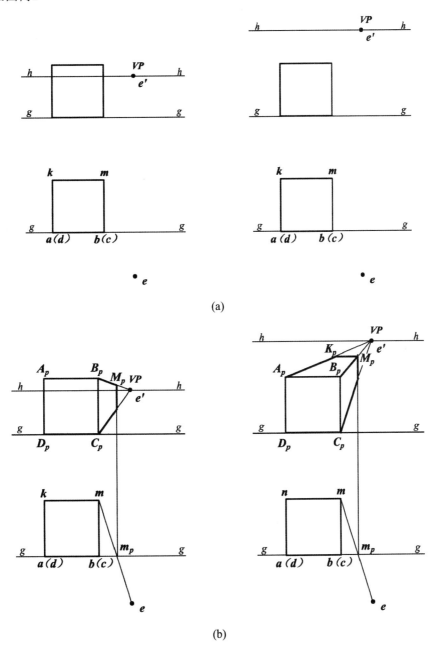

图 4-6 采用视线法作正立方体的平行透视步骤及结果

作图步骤如下。

(1) 因该正立方体的其中一个面 ABCD 在画面内,故 ABCD 各点的透视如图 4-6(b)所示 A_p、B_p、C_p、D_p 并连接 A_pVP、B_pVP、C_pVP,以确定与画面垂直的两组棱线的透视方向。

(2) 连接点 m、e，与基线 $g\text{-}g$ 交于点 m_p 并向上引垂线与 B_pVP、C_pVP 都有交点，如 M_p 即为其中一个顶点的透视。

(3) 过点 M_p 作 A_pB_p 的平行线与 A_pVP 交于点 K_p 即为 k 点的透视，把正立方体各个顶点的透视连接起来即求出了其平行透视图。

图 4-6(b)中的两个平行透视图是在只改变视高的情况下所产生的不同透视效果。

当物体远离画面时，所产生的平行透视效果如图 4-7 所示，作图方法同图 4-6，这里不再赘述。

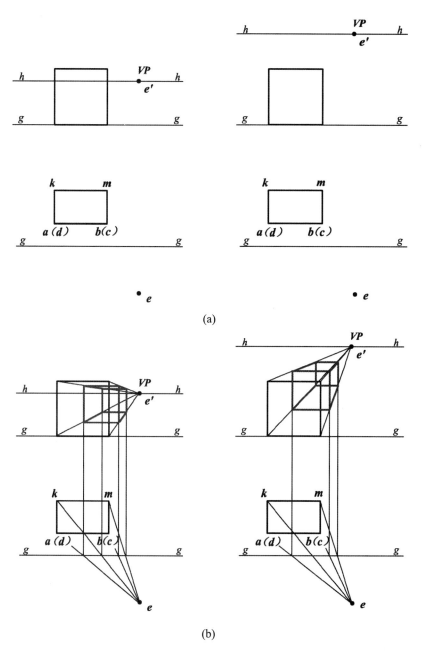

图 4-7　视线法作长方体的平行透视的步骤及结果

2. 距点法

距点法的原理就是当物体的主棱面与画面平行时,只有一组主向轮廓线垂直于画面,其透视图只有一个主灭点 VP,并且与视中心 VC 或 e 或心点位置重合,这时画面垂直线的透视均指向视中心 VC。

如图 4-8 所示,基面上放置一正立方体,其中两个主棱面 ABSR 和 CDWT 与画面平行,该立方体的灭点 VP 与视中心 VC 位置重合。

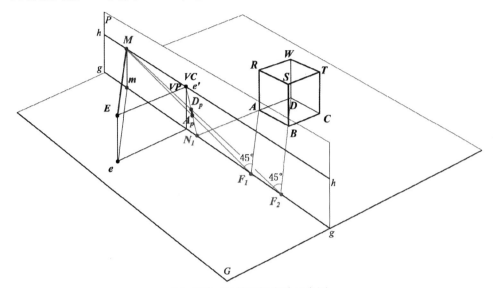

(a) 棱线 AD 的透视求法示意图

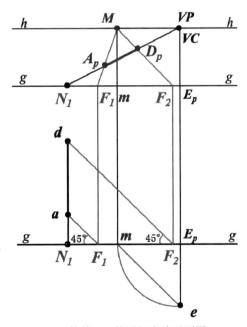

(b) 棱线 AD 的透视求法平面图

图 4-8 棱线 AD 的求法

如先求棱线 AD 的透视，因棱线 AD 与画面垂直并在基面内，用距点法求棱线 AD 透视的步骤如下。

(1) 延长 AD 与画面基线 g-g 交于点 N_1，连接 N_1VP 即确定出 AD 的透视方向。

(2) 分别过点 A、D 过 45°的直线与基线交于点 F_1、F_2，即 AF_1、DF_2 与基线的夹角为 45°。

(3) 过 E(e)点作 EM(em)//AF1 与画面交于点 M(m)，该点必在视平线上，点 M(m)即为辅助线 AF_1、DF_2 的灭点，也就是画面垂直线的距点。

(4) 将距点 M 分别与点 F_1、F_2 相连，与 N_1VP 交于点 A_p、D_p 即可求出棱线 AD 的透视。同样的方法即可求出棱线 BC、ST、RW 的透视。因画面空间狭小，这里不再详细作出棱线 BC、ST、RW 的透视。图 4-8 所示为棱线 AD 的透视求法。

通过图 4-8 所示的作图过程可知，距点到视中心的距离等于视点到视中心的距离(即视距)。所以将这种点称为距点，利用距点作透视图的方法称为距点法。

求距点 M 的方法：如图 4-8(b)所示，在平面图中以 E_p 点为圆心，以 E_pe 为半径画圆弧与基线 g-g 交于点 m(或过站点 e 作 45°线与基线 g-g 交于点 m)，并过点 m 向上引垂线与视平线 h-h 相交，即得到距点 M。在基线 g-g 上截取 $NF_1= aN_1$、$NF_2= dN_1$，MF_1、MF_2 与 N_1VP 交得点 A_p、D_p，即求出垂直于画面的棱线 AD 的透视。

那么，利用距点法求下底面放置于基面内的正立方体的透视，如图 4-9 所示。

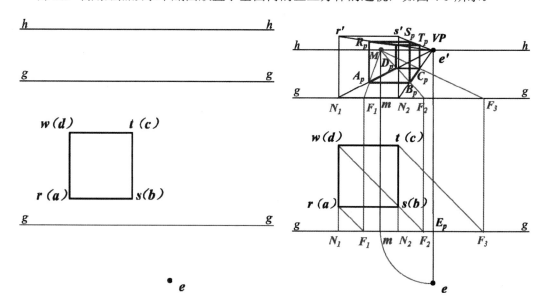

图 4-9 采用距点法求正立方体的平行透视

因该正立方体的两个主棱面平行于画面，所以其灭点 VP 在视平线 h-h 上并与视中心重合。详细的作图步骤如下。

(1) 过 e 点向上引垂线与视平线 h-h 交于 VP 即为该正立方体的透视灭点。

(2) 因该形体是正立方体，所以各个棱面均为正方形，所以在画面内从基线 g-g 开始向上作等大的正方形。

(3) 以 E_p 为圆心，以 E_pe 为半径画圆弧与基线 g-g 交于 m 点，然后过 m 点向上引垂线与视平线 h-h 交于点 M 即为所求的距点。

(4) 分别延长棱线 da、cb 与基线交于点 N_1、N_2，即为棱线 da、cb 的画面迹点，并连接 N_1VP、N_2VP 以确定该两棱线的透视方向，连接 r'VP、s'VP 以确定该正方体上底面画面垂直棱线的透视方向。

(5) 在基线 g-g 上量取 $N_1F_1=aN_1$、$N_2F_2=sN_2$ 以确定点 F_1、F_2 的位置，连接 MF_1、MF_2 与 N_1VP、N_2VP 分别交于点 A_p、B_p 即求出棱线 AB 的透视。因 $N_1F_2=dN_1$，所以 MF_2 与 N_1VP 的交点即为 D 点的透视 D_p。所以棱线 AD、AB 的透视即可求出。

(6) 在基线 g-g 上量取 $N_2F_3=cN_2$，连接 MF_3 与 N_2VP 交于点 C_p，故 B_pC_p 即为棱线 BC 的透视。

(7) 分别过点 A_p、B_p、C_p、D_p 作竖直线，与 r'VP、s'VP 都有交点，即为该正立方体上底面各个顶点的透视(因平行于画面的棱线，其透视与原线平行)，将所有顶点的透视连接起来即为该正立方体的透视图，如图 4-9 所示。

3. 量点法

所谓量点是一组专门解决形体长度和宽度方向上度量问题的辅助直线的灭点。利用这些灭点可以方便地解决有关形体在长度和宽度方向上透视长的度量问题；可以更进一步简化作透视图的步骤，并能直接根据设计图中的尺寸画出透视。

用量点法作形体透视图的方法如图 4-10 所示，作图步骤如下。

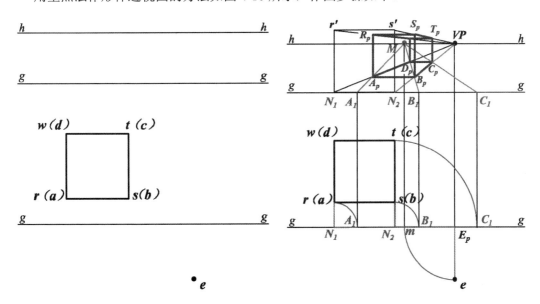

图 4-10　采用量点法求正立方体的平行透视步骤及结果

(1) 根据作直线全长透视的原理，在基面上求出棱线 DA、CB 的画面迹点 N_1、N_2，以及其灭点 VP，并连接 N_1VP、N_2VP 确定棱线 DA、CB 的透视方向。

(2) 因该形体是正立方体，所以各个棱面均为正方形，所以在画面内从基线 g-g 开始向上作等大的正方形。并连接 r'VP、s'VP 以确定该正立方体上底面画面垂直棱线的透视方向。

(3) 确定量点位置：eVP 与基线 g-g 交于点 E_p，以 E_p 为圆心，以 E_pe 为半径画圆弧与

基线交于点 m，过点 m 向上引垂线与视平线 h-h 交于点 M，即为所求的量点。

(4) 在基线 g-g 上量取 $N_1A_1=aN_1$、$N_2B_1=sN_2$ 以确定点 A_1、B_1 的位置，连接 MA_1、MB_1 与 N_1VP、N_2VP 分别交于点 A_p、B_p 即求出棱线 AB 的透视。因 $N_1B_1=dN_1$，所以 MB_1 与 N_1VP 的交点即为 D 点的透视 D_p。所以棱线 AD、AB 的透视即可求出。

(5) 在基线 g-g 上量取 $N_2C_1=cN_2$，连接 MC_1 与 N_2VP 交于点 C_p，故 B_pC_p 即为棱线 BC 的透视。

(6) 分别过点 A_p、B_p、C_p、D_p 作竖直线与 $r'VP$、$s'VP$ 都有交点，即为该正立方体上底面各个顶点的透视(因平行于画面的棱线，其透视与原线平行)，将所有顶点的透视连接起来即为该正立方体的透视图，如图 4-10 所示。

从量点法和距点法作正立方体平行透视图的步骤和结果来看，两种方法所作的透视效果相同。距点法是量点法的特殊情况，量点法不仅可以作形体的平行透视，也可以作成角透视，但距点法一般只用来做形体的平行透视。关于用量点法作成角透视图的方法将在后面章节中详细介绍。

4.2.2 绘制平行透视的注意事项

绘制形体的平行透视容易产生失真效果，缺乏美感，主要原因体现在其主要元素的单一性。为了尽量减少透视图失真，需要做到以下两点。

(1) 平行透视只有一条视平线、一个视中心、一个灭点，不可存在多个。当在同一个画面内绘制多个形体，或者绘制单个形体不同部位的透视图时，务必共用一条视平线、一个视中心、一个灭点，否则透视效果将不一致，甚至扭曲变形。

(2) 为了减少失真，视点最适宜置于形体左上方、左下方、右上方或者右下方的位置。

4.3 平行透视的应用案例

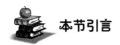
本节引言

平行透视在生活中比较常见，给人带来很强的空间进深感，稳定而强调视觉核心，主要应用于室内设计和建筑设计，不过随着人们表达方式不断改进和创新，平行透视也逐渐应用于工业设计、景观设计、平面设计等行业领域。

平行透视的现象和案例在生活当中比比皆是，由于元素的单一性也相对比较容易识别，很容易捕捉视觉中心。该类透视效果给人带来很强的稳定感、空间深远感，主要用于表现园林景观、室内环境和建筑设计行业，工业产品以及平面设计中也有所应用。

图 4-11 所示的建筑室内设计手绘图采用了心点偏右的平行透视画法，该手法的应用使室内进深空间显得非常深邃，体现出了该建筑的宏伟壮观。

图 4-12 所示的手绘建筑框架图也应用了心点偏右的平行透视画法，突出体现了建筑在空间内的秩序感、稳重感。

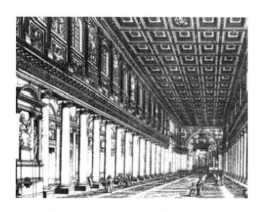
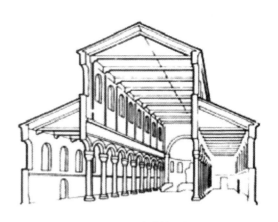

图 4-11　心点偏右的平行透视画法　　　　　图 4-12　手绘建筑框架图

图 4-13 建筑摄影应用了平行透视的表现手法，天然形成一个具有平行透视特征的取景效果，加上光线的渐进变化，更加强调了古建筑的视觉核心特效。

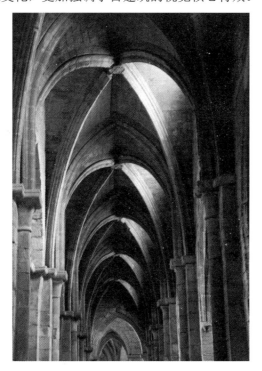

图 4-13　建筑室内摄影

图 4-14 所示的手绘卧室室内设计图应用了心点居中的平行透视画法，设计图中的床铺成了该图的核心部位，凸显了主题，线条的秩序排列使整个室内环境显得井然有序。

图 4-15 和图 4-16 为室内设计效果图，运用了平行透视，增强了进深感，尤其是图 4-16，平行透视的应用使图书馆内的空间显得深远悠长。

图 4-17 所示的床铺设计手绘草图典型地应用了平行透视表现手法，线条的整齐排列使床铺显得修长、简洁。

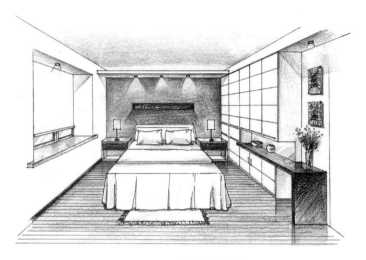

图 4-14 手绘室内设计图

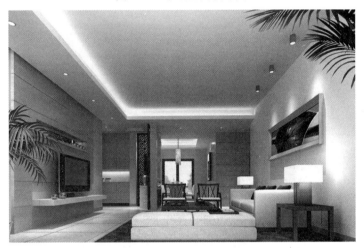

图 4-15 计算机室内设计效果图

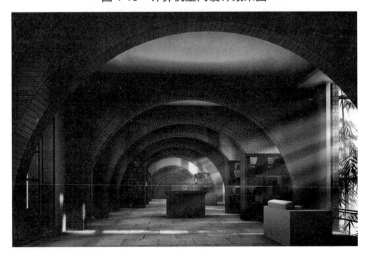

图 4-16 某图书馆室内设计效果图

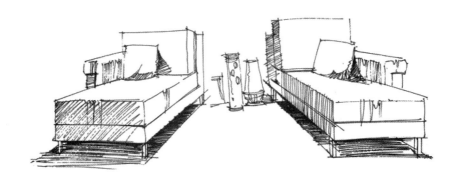

图 4-17　床铺设计手绘草图

图 4-18 平面设计中平行透视的运用凸显了画面的张力，很容易将人的视觉吸引到画面的中心部位，具有很强的视觉冲击力。

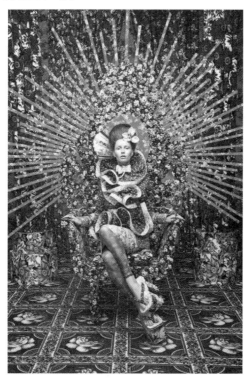

图 4-18　平面设计中平行透视的运用

图 4-19 所示的是斯德哥尔摩地铁隧道，其天然形成一种非常典型的平行透视画面，使绚丽的色彩显得井然有序，给人一种完美的视觉享受。

图 4-20 为火车站的摄影作品，作者运用了光轨技巧，将所有轨迹归为一点，给人奇妙的视觉体验。

图 4-21 为宝马汽车的平行透视效果展示，细致刻画了该款汽车前脸部位，凸显了宝马汽车的个性特点，给人一种平稳、结实、霸气的视觉感受。

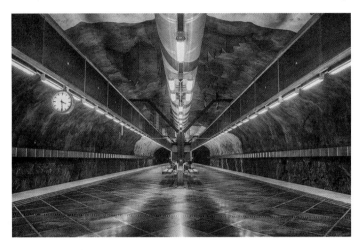

图 4-19　斯德哥尔摩地铁隧道

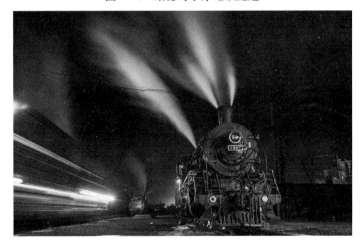

图 4-20　光轨摄影

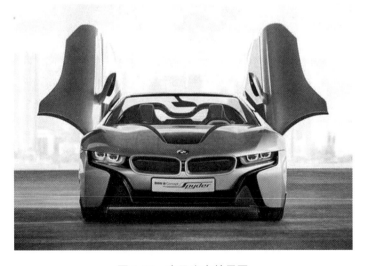

图 4-21　宝马汽车效果图

思考与练习

1. 平行透视的概念是什么？
2. 平行透视的形成原理是什么？
3. 平行透视的规律和特点有哪些？
4. 平行透视的绘图方法有哪些？并分别掌握其绘画技巧。
5. 绘制平行透视时应注意什么？怎样画出合理的平行透视图？
6. 分别应用视线法、量点法、距点法绘制下列形体的平行透视图。

(1) 用视线法绘制形体 *ABCDFH* 的平行透视图。

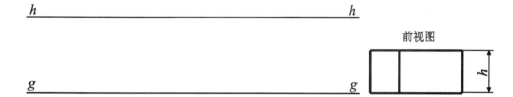

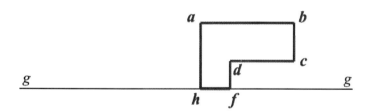

(2) 用距点法绘制平行透视图。

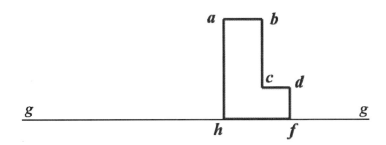

(3) 用量点法绘制平行透视图。

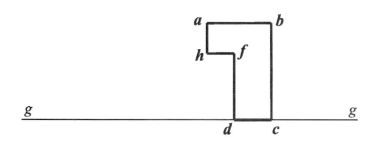

前视图

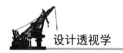

7. 在同一画面内绘制出下面形体组的平行透视。

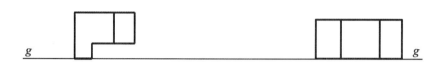

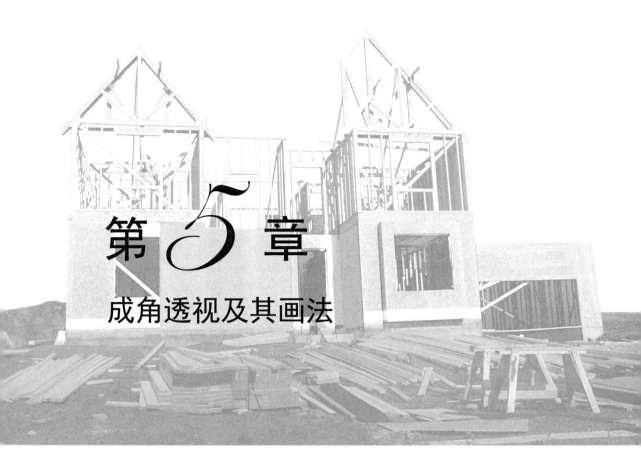

第5章 成角透视及其画法

本章学习要点

- 成角透视的形成原理
- 成角透视的规律与特点
- 成角透视的基本绘图法
- 成角透视的应用案例

本章要求和目标

- **要求**：掌握成角透视的形成原理；掌握成角透视的规律与特点；掌握成角透视的基本绘图法；了解成角透视的应用案例。
- **目标**：成角透视是设计和美术专业应用较多的一种表现手法。要求学生掌握成角透视的形成规律、特点以及画法，并能够在设计中熟练应用。

课时安排

8 课时。

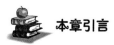 **本章引言**

如果说平行透视所代表的一点透视是进入透视世界的第一扇大门，那么成角透视所代

表的两点透视就是进入圣殿的开端,它将透视世界的复杂性缓缓展开并深入。本章要求学生能正确理解成角透视的成因,合理运用成角透视表现物体的空间。

5.1 成角透视的形成原理

本节引言

成角透视现象在我们生活当中无处不在,作为一种基本的透视形式,它是景物纵深或形体物侧面与视中线成一定角度时所形成的一种透视现象。成角透视能更加细致全面地塑造形体的体量,它的应用通常会让空间表现力增强,形象张力十足。

5.1.1 成角透视的形成原理

成角透视是在平行透视和平角透视的基础上通过改变形体的方位与画面的夹角而形成的一种相对前两者比较复杂的透视类型,也是一种基本的透视形式,在我们身边无处不在,而且此类透视形象比较丰富、透视角度灵活、立体感强、观察的形体部位比较全面,是设计师在设计图表现中经常应用的透视关系。

在日常生活中,当我们平视着平放的立方体时(图5-1),立方体投影在视域内的透明平面(即画面)上与画面会产生角度关系,即该立方体的两组水平棱线延长至画面时,与画面之间的夹角 α、β 均小于 $90°$,二者之和等于 $90°$,并且向视中心 VC 两侧延伸并消失于两点 VP_1、VP_2,即为灭点(因夹角 α、β 之和等于 $90°$,互为余角,所以又称为余点),那么这个立方体就在人的视觉上呈现成角透视关系。

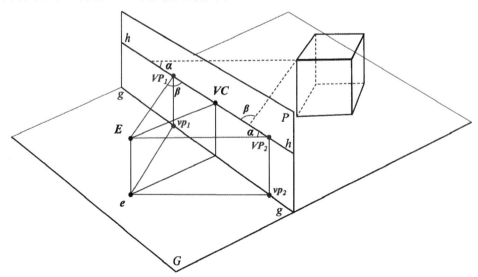

图 5-1　成角透视示意图

当形体与画面成角时，随着角度和视点位置的改变，我们所看到的效果也会改变。当我们的视点在形体外部时，消失点遵循左侧面消失左灭点(左余点)，右侧面消失右灭点(右余点)的原则；当我们的视点在形体内部时，消失点遵循左侧面消失右灭点，右侧面消失左灭点的原则。

5.1.2 成角透视的基本概念

当画面垂直于基面时，而且画面与形体的两个主要棱面成一倾角，向纵深平行的直线上产生了两个消失点(灭点)所形成的透视图称为成角透视。此时，在透视图中出现两个灭点，所以又称为两点透视；因形体与画面不平行的边线与画面的夹角之和等于 90°，两个角互为余角，所以又称为余角透视。成角透视的两个灭点，在对象两侧的后方。

方法是分别延长形体左右两方的有汇聚趋势的四条线，两两交于对象左右两侧的后方，形成两个灭点，如图 5-2 所示的成角透视图。

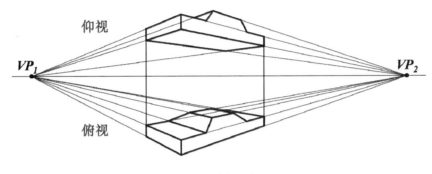

图 5-2　成角透视图

成角透视是最符合视觉习惯的透视，很富有立体感。凡是平行于画面的直线，都没有灭点；凡是与画面有一定角度的一组平行线，都有灭点。如果这个角度是 90°，就是平行透视，否则是成角透视。

5.1.3 成角透视的规律和特点

1. 成角透视的规律

(1) 形体当中平行于画面的垂直原线，透视方向不变，仍然垂直，没有灭点，但有近大远小的透视变化；形体当中平行于基面的成角变线，左右各一组，水平消失方向不一，形成两个灭点，都在视平线上。如图 5-3 所示为成角透视的规律。

(2) 在同一视域中，由于形体与画面所成的角度不同，决定了成角透视的灭点在视平线上的位置是可移动的。

(3) 同一形体左右两组成角边线形成的两个灭点处在视中心两侧。当形体与画面成 45°角时，两个灭点即两个距点；当形体成角边与画面非 45°也非 90°角时，一个余点处在同侧距点内，另外一个余点处在同侧距点外，两个余点到视中心的距离成反比。

(4) 当形体上下移动时，越接近视点高度，顶、底面两组成角边之间的夹角越大，体积越平缓。当形体顶面或底面与视点等高时，该面两组成角边的前后夹角称为平角，贴于视平线。而越远离视平线，前后夹角越小，体积感越强，如图5-4所示。

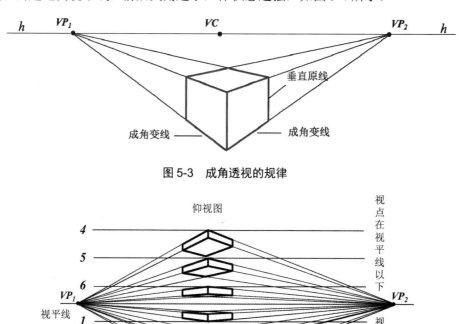

图5-3　成角透视的规律

图5-4　形体上下移动时的成角透视规律

(5) 形体做深度排列时，体积由大变小，而顶、底面两组成角边之间的前后夹角由小变大，越远越平缓，彼此出现形体差异。如图5-5所示为形体深度排列透视图。

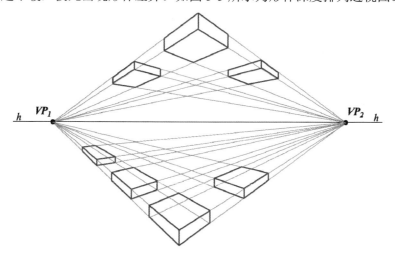

图5-5　形体深度排列透视图

2. 成角透视的特点

通过对成角透视形成原理以及概念的了解，得知成角透视是最符合正常视觉的透视，它所遵循的是有两个灭点的消失规律，其特点总结如下：

(1) 人的视线方向是平视。

(2) 该透视存在两个灭点。

(3) 形体不存在与画面平行的面。

(4) 形体与画面不平行的边线与画面的夹角小于90°，其透视为变线；平行于画面的垂直线没有灭点，其透视为原线。

(5) 形体上下移动，越接近视平线，则顶面、底面与视平线的夹角越大；当顶面或底面位于视平线上时，则与视平线重合；反之，越远离视平线则夹角越小，体积感越强。形体在视平线以上时透视图为仰视图，在视平线以下时透视图为俯视图，如图 6-4 所示。

(6) 物体放置比较灵活多样，透视效果相对活泼，表现力丰富。

(7) 在成角透视关系中，形体对象与画面的夹角、视点的距离和位置等因素的细微变化，会直接影响透视图的效果。如图 5-6 所示为在视点位置不同的情况下所产生的不同成角透视效果。

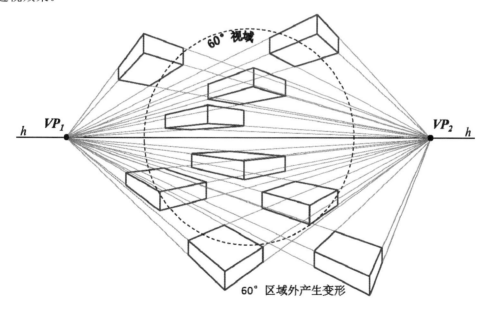

图 5-6　视点位置不同的情况下所产生的不同成角透视效果

(8) 成角透视是所有透视方法中运用最广泛的透视方法。体量较小的形体用该透视方法能较好地表达出设计的本意。如图 5-7 所示为成角透视的应用实例。

(9) 成角透视图与人们现实世界中所观察到的物体形象最为接近。

(10) 成角透视图具有良好的真实感，符合人们的观察习惯，具有较直观的空间感受。

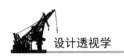

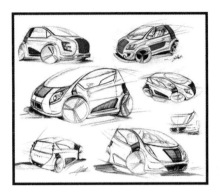
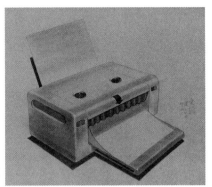
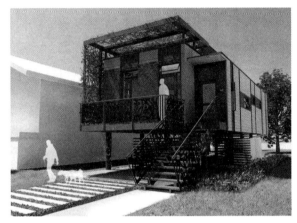

图 5-7 成角透视在不同设计领域的应用

5.1.4 成角透视的动态变化分析

成角透视随着角度的不同变化可以呈现出不同的表现效果和状态，可以归纳为微动状态、一般状态和对等状态。这三种状态的透视效果是由视点、画面、方位与形体之间的相对位置所决定的，恰当地选择四者之间的相对位置可以获得理想的透视效果。如图 5-8 所示为成角透视的状态分析图。

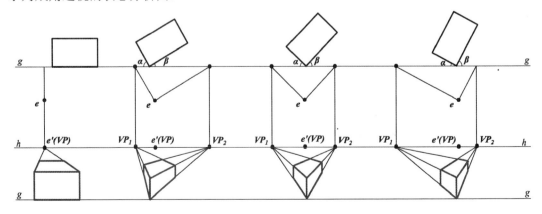

图 5-8 成角透视的状态分析图

1. 微动状态

在微动状态下,形体两侧的竖直的立面旋转角度较小,左侧立面的平行线消失于视中心附近的左灭点(左余点),正面平行线消失于离视中心很远的右灭点(右余点)。

2. 一般状态

在一般状态下,形体两侧竖直立面旋转角度较大,两个侧立面的平行线向视中心两侧消失,视中心与两灭点(余点)的距离相差较小,如一侧与画面成60°角,则另一侧成30°角。

3. 对等状态

在对等状态下,形体两侧的立面都旋转45°角,侧立面旋转角度大小相等,左右两组平行线消失于距点。

5.2 成角透视的基本绘图技法

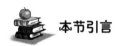

本节引言

成角透视的绘图技法是在平行透视画法的延伸,是对平行透视画法的灵活运用。两种画法共同的特点是要确定视点、灭点、视平线、画面、基线等基本要素。在绘制成角透视时,关键是确立成角变线的灭点位置。

5.2.1 成角透视的绘图技法

成角透视的基本绘图方法主要包括视线法、量点法、画面迹点法、空间斜线灭点法四种。

1. 视线法

与平行透视一样,利用视线与画面的交点可以方便地完成作图。

例题 5-1:如图5-9所示求正立方体的成角透视图。

作图步骤如下:

(1) 因该正立方体的一条棱线 AR 在画面内,所以 AR 的透视反映实长。点 A 的透视在基线 g-g 上,即过点 r(a)作基线的垂线交于点 A_p 即为点 A 的透视。

(2) 求两个灭点(或余点):过点 e 分别作棱线 AD、AB 的平行线,与基线 g-g 交于点 vp_1、vp_2,即为两灭点在基面上的投影。然后分别过点 vp_1、vp_2 作基线的垂线,与视平线 h-h 交于点 VP_1、VP_2 即为所求的两个灭点。

(3) 绘制真高线:因棱线 AR 在画面内并与基面垂直,由其可确定真高线。以点 A_p 为基准作垂直线,绘制出真高线;将立面置于基线 g-g 上,通过高度测线在真高线上绘出立方体的高度 A_pR_p 即为棱线 AR 的透视。

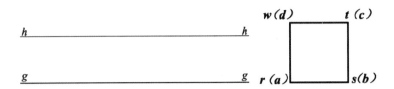

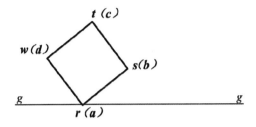

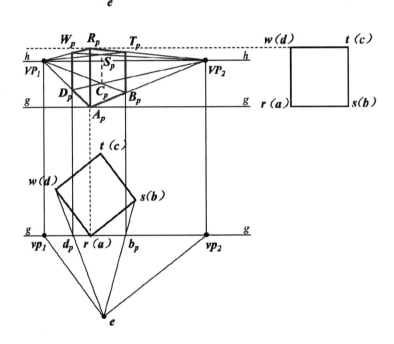

图 5-9 用视线法求正立方体的成角透视图步骤及结果

(4) 确定棱线的全长透视：连接 A_pVP_1、A_pVP_2、R_pVP_1、R_pVP_2 即可确定出棱线 AD、AB、RW、RT 的全长透视方向。

(5) 确定迹点的投影点：分别将点 w(d)、s(b) 与站点 e 连接，交基面内的基线 g-g 于 d_p、b_p 两点。点 d_p、b_p 即为点 D、B 在画面基线 g-g 上的迹点，也是点 D、B 与视点 E 的连线在画面上的交点的正投影点。

(6) 过点 d_p、b_p 分别作基线 g-g 的垂线，与 A_pVP_1、A_pVP_2、R_pVP_1、R_pVP_2 分别交于点

D_p、B_p、W_p、T_p，即为该正立方体各个顶点的透视。连接 B_pVP_1、T_pVP_1、D_pVP_2、W_pVP_2，即可求出点 C_p、S_p；连接 A_p、B_p、C_p、D_p、W_p、R_p、T_p、S_p 即可作出完整的正立方体的成角透视图。

例题 5-2：用视线法求下面平面形体的成角透视，如图 5-10 所示。

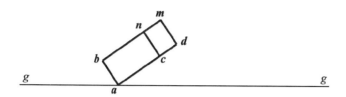

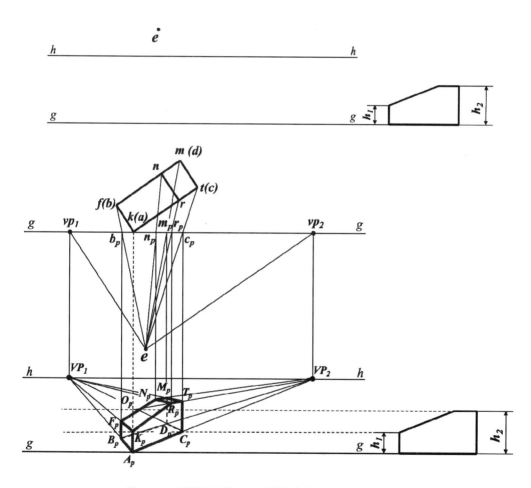

图 5-10 用视线法求平面形体的成角透视图步骤及结果

作图步骤如下：

(1) 过点 e 分别作棱线 ab、ac 的平行线与基线 g-g 交于点 vp_1、vp_2，然后过该两点作竖直线与视平线 h-h 交于点 VP_1、VP_2 即为所求的两个灭点。

(2) 绘制真高线：因棱线 AK 在画面内并与基面垂直，由其可确定真高线。以点 A_p 为基准作垂直线，绘制出真高线；将立面置于基线 g-g 上，通过高度测线在真高线上绘出立方体的高度 $A_pK_p=h_1$，即为棱线 AK 的透视。

(3) 连接 A_pVP_1、K_pVP_1、A_pVP_2，即可确定棱线 ab、ac、kf 的透视方向；分别将点 f(b)、n、r、m(d)、t(c) 与站点 e 相连，与基线 g-g 交于点 b_p、n_p、m_p、r_p、c_p 五点，即为点 B、N、M、R、C 在画面基线 g-g 上的迹点，也是点 B、N、M、R、C 与视点 E 的连线在画面上的交点的正投影点。

(4) 因 A_pK_p 为真高线，所以可以在该真高线上测取 $A_pO_p=h_2$，然后连接 O_pVP_2，再过点 b_p、r_p、c_p 分别向下引竖直线与 A_pVP_1、K_pVP_1、A_pVP_2、O_pVP_2 交于点 B_p、F_p、C_p、R_p、T_p，即为该形体顶点 B、F、C、R、T 的透视。

(5) 连接 R_pVP_1，再过点 n_p、m_p 分别向下引竖直线与 R_pVP_1 交于点 N_p，与 B_pVP_2 交于点 D_p，与 N_pVP_2 交于点 M_p。连接 A_p、B_p、C_p、D_p、F_p、K_p、T_p、R_p、T_p、M_p、N_p 即可作出完整的平面形体的成角透视图。

2. 量点法

所谓量点是一组专门解决形体长度和宽度方向上度量问题的辅助直线的灭点，对透视形体具有分割作用。利用这些辅助灭点可以方便地解决有关形体在长度和宽度方向上透视长的度量问题；可以更进一步简化作透视图的步骤，并能直接根据设计图中的尺寸画出透视。与平行透视图的作图方法一样。

例题 5-3：用量点法作平面形体的成角透视图的方法如图 5-11 所示。

量点法的作图步骤如下：

(1) **求灭点**：参照视线法的步骤(1)绘制出左右两个灭点 VP_1、VP_2，以及灭点 VP_1、VP_2 的基面正投影 vp_1、vp_2。

(2) **求量点**：以点 vp_1 为圆心，以 vp_1e 为半径画弧线，交基线 g-g 于点 m_1；以点 vp_2 为圆心，以 vp_2e 为半径画弧线，交基线 g-g 于点 m_2；然后在点 m_1、点 m_2 分别向下引垂线与视平线 h-h 交于点 M_1、M_2，则点 M_1、M_2 即求得两组轮廓线的量点，参见图 5-11(a)。

(3) **绘制透视平面**：因该平面形体的棱线 AK 在画面内，所以点 A 的透视 A_P 在基线 g-g 上。其他的绘制步骤如下：以 k(a) 为圆心，以 kf 为半径话圆弧与基线 g-g 交于点 b_p，向下引垂线与画面基线 g-g 交于点 b_p；同样的方法作出点 r_p、c_p；以点 A_P 为分界点，在点 A_P 左边的点与量点 M_1 连接，在点 A_P 右边的点与量点 M_2 连接，即连接 b_pM_1、r_pM_2、c_pM_2，然后连接 A_pVP_1、A_pVP_2 与 b_pM_1、c_pM_2 分别交于点 B_p、C_p 即为底面上顶点 B、C 的透视，再连接 B_pVP_2、C_pVP_1 二者的交点 D_p 即为底面顶点 D 的透视，参见图 5-11(b)。

(4) **绘制真高线、透视图**：可参照视线法的对应步骤完成，参见图 5-11b，A_PK_P 为棱线 AK 的真高，A_PO_P 为棱线 CT、AM 的真高；过点 B_P、C_P 向上引垂线分别与 K_PVP_1、O_PVP_2 交于点 F_P、T_P 即为形体顶点 F、T 的透视，并连接 T_PVP_1；连接的 r_pM_2 与 A_PVP_2 的交点可确定形体顶点 R 的透视位置，过此交点向上引垂线与 O_PVP_2 的交点 R_p 即为形体顶点 R 的透视，并连接 R_pVP_1。过点 D_p 向上引垂线与 T_PVP_1 的交点 M_P 即为形体顶点 M 的透视，从而也可以求出 N 点的透视 N_P。最后，将点 A_P、B_P、C_P、D_P、F_P、K_P、R_P、T_P、M_P、N_P 连接起来即求出该平面形体的透视，参见图 5-11(c)。

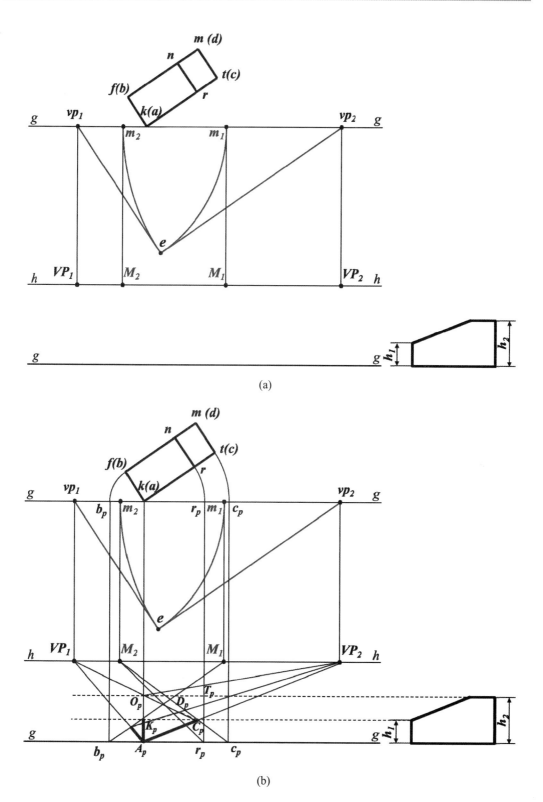

图 5-11 用量点法作成角透视图

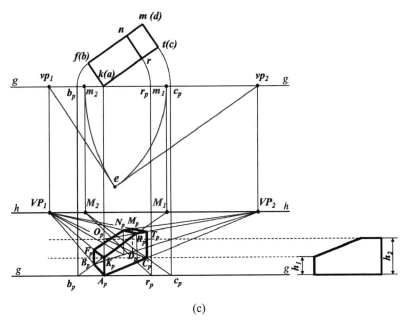

(c)

图 5-11　用量点法作成角透视图(续)

3. 画面迹点法

画面迹点法即是将形体对象的边缘轮廓线延长至画面求得相对应的迹点，并将这些迹点投影到基线 $g\text{-}g$ 上，该迹点是透视线段在画面上的起点，连接迹点与灭点，绘制出透视形体及其延长线的透视线；通过形体对象各轮廓线的绘制，作出完整的透视图。

例题 5-4： 用画面迹点法求下面平面形体的成角透视，如图 5-12 所示。

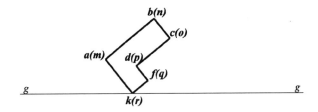

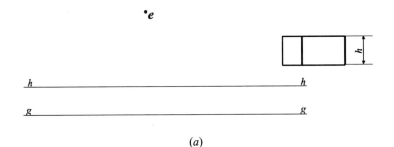

(a)

图 5-12　用画面迹点法作平面形体的成角透视

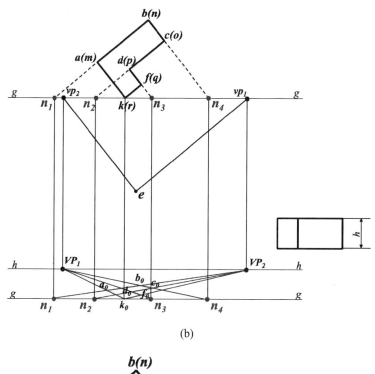

(b)

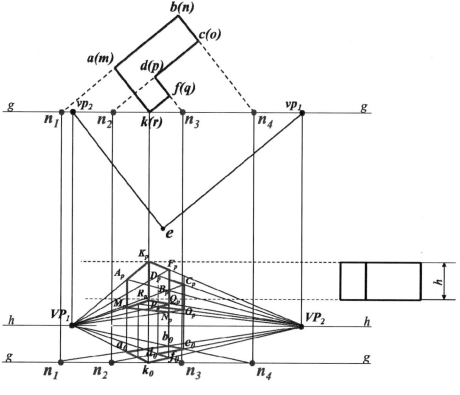

(c)

图 5-12　用画面迹点法作平面形体的成角透视(续)

用画面迹点法的作图步骤如下：

(1) **确定左右灭点**：作法可参照视线法的作图步骤作出左右两个灭点 VP_1、VP_2，以及灭点 VP_1、VP_2 的基面正投影 vp_1、vp_2。

(2) **确定画面迹点**：分别延长该形体轮廓线 ba、cd、df、bc 与基面上的基线 $g\text{-}g$ 分别交于点 n_1、n_2、n_3、n_4，并分别过该四点向下引垂线作出画面上基线 $g\text{-}g$ 的点 n_1、n_2、n_3、n_4，参见图 5-12(b)。

(3) **绘制形体平面的基透视**：连接 n_1VP_2、n_2VP_2、n_3VP_1、n_4VP_1 以确定形体下底面 $abcdfk$ 的基透视平面。因 k 点在画面内，所以其基透视 k_0 在基线 $g\text{-}g$ 上，并连接 k_0VP_1、k_0VP_2 确定了形体下底面 $abcdfk$ 各个轮廓线的基透视方向，参见图 5-12b。

(4) **绘制真高线**：以点 k_0 为基准作垂直线，绘制出真高线；通过高度测线在真高线上绘制出该形体的高度 h，参见图 5-12(c)的中部虚线。因形体棱线 kr 在画面内，同时可确定形体棱线 kr 的透视 K_pR_p。

(5) **绘制透视图形**：①确定该形体各棱线的透视方向：连接 K_pVP_1、R_pVP_1、K_pVP_2、R_pVP_2。②由基透视平面各交点向上引垂线，分别交透视线 K_pVP_1、R_pVP_1、K_pVP_2、R_pVP_2 于点 A_p、M_p、F_p、Q_p，即为形体顶点 A、M、F、Q 的透视；然后连接 A_pVP_2、M_pVP_2、F_pVP_1、Q_pVP_1 分别与由基透视平面各交点向上引垂线交于点 B_p、N_p、D_p、P_p，即为形体顶点 B、N、D、P 的透视；连接 D_pVP_2、P_pVP_2 与垂线交于点 C_p、O_p。③将点 A_p、B_p、C_p、D_p、F_p、K_p、M_p、N_p、O_p、P_p、Q_p 各点依次连接起来即为该形体的成角透视图，参见图 5-12(c)。

4. **空间斜线灭点法**

如果空间有一条一般位置直线(非水平线)，可以首先将该线向基面作正投影，获得其相应的水平投影，然后作出这条水平投影线的平行线即可求出斜线的灭点 VP。

例题 5-5：用空间斜线灭点法求下面平面形体(同图 5-11 所示的形体)的成角透视。

用空间斜线灭点法作图的步骤如下：

(1) **确定左右灭点**：作法可参照视线法作图的步骤作出左右两个灭点 VP_1、VP_2，以及灭点 VP_1、VP_2 的基面正投影 vp_1、vp_2。

(2) **确定辅助灭点 M(即量点)**：按照量点法的作图方法，以 vp_2 为圆心，以 evp_2 为半径画圆弧与基线 $g\text{-}g$ 交得 M 点(或者说将 e 点旋转到画面上得 M 点)。

(3) **确定斜线的灭点 VP_3**：过辅助灭点 M 作左视图中 $a'b'$ 线的平行线，该线与过 VP_2 的垂线相交即得 VP_3 点，即为形体上两条斜线的灭点。

(4) **绘制真高线、各个顶点的透视**：可参照视线法的对应步骤完成，求出点 A、B、C、K、F 的透视为 A_p、B_p、C_p、K_p、F_p (图 5-11)，A_pK_p 为棱线 AK 的真高，A_pO_p 为棱线 CT、AM 的真高；因 FN、KR 是斜线，所以连接 F_pVP_3、K_pVP_3 即可确定 FN、KR 的透视方向，K_PVP_3 与 O_PVP_2 的交点 R_P 即为形体顶点 R 的透视。然后连接 R_PVP_2 与 F_PVP_3 的交点 N_P 即为顶点 N 的透视。其余顶点的透视作法同其他透视画法，这里步骤省略。

(5) **求出透视图**：连接各点的透视，即可求出该形体的透视，如图 5-13 所示。

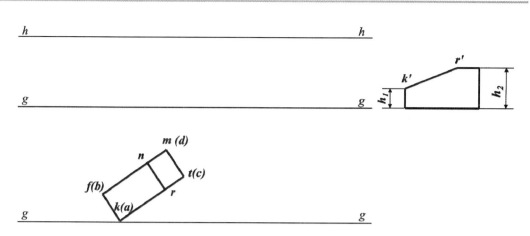

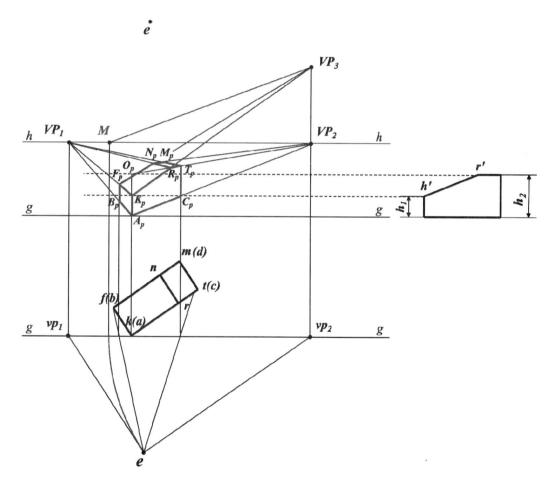

图 5-13 用空间斜线灭点法求作该面形体的成角透视的求解步骤及结果

5.2.2 曲面体的成角透视画法

曲面体的透视是在作平面曲边形透视的基础上的,关于平面曲边形的透视作法见第 3 章基本几何元素的透视。

曲面体的透视相对较复杂,比如,一般位置的球的透视是椭圆,这与人的直观感受有些相悖,将球放在视点和视中心的连线附近失真要小些,在其他位置如果产生明显的失真时也要用圆来近似地代替椭圆。

对于平面曲线,一般可用一个网格矩形"框"住该曲线,然后逐一寻找曲线与网格线的交点在透视图矩形的对应位置,逐点连接即得平面曲线的透视,如圆的透视就是将圆框在一个带"米"字网格的正方形中得到的。此作图方法与第 3 章中阐述的八点作图法一致。

例题 5-6:如图 5-14 所示,求圆柱体的成角透视图。

作图步骤如下:

(1) **找特殊点**:作外切正方形框住圆,作图步骤见图 5-14(b),找出圆上的八点 1、2、3、4、5、6、7、8。

(2) **确定灭点**:参照视线法的步骤(1)绘制出左右两个灭点 VP_1、VP_2,以及灭点 VP_1、VP_2 的基面正投影 vp_1、vp_2。

(3) **视线法作图**:求出正方形各边上各个点的透视,详细步骤略。

(4) **找曲线上对应点的透视**:逐一寻找圆与网格线的交点在透视图矩形的对应位置,连接各个透视点即可求出下底面圆的透视。

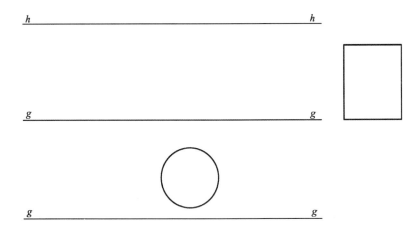

(a)

图 5-14 求圆柱体的成角透视求解步骤及结果

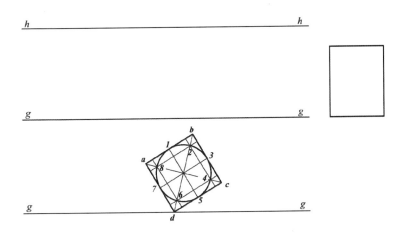

(b)

图 5-14　求圆柱体的成角透视求解步骤及结果(续)

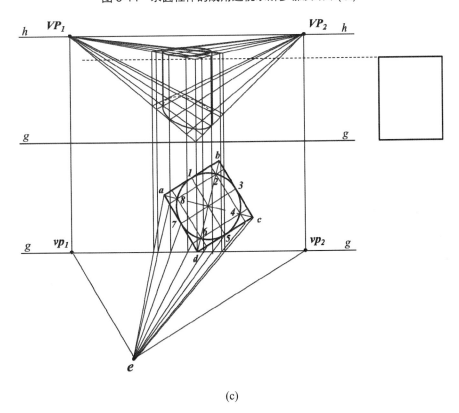

(c)

图 5-14　求圆柱体的成角透视求解步骤及结果(续)

(5) **绘制真高线，作出上底圆的透视**：量取圆柱的真实高度；逐一寻找圆与网格线的交点在透视图矩形的对应位置，连接各个透视点即可求出上底面圆的透视；最后将圆上各个点的透视依次连接起来即为该圆柱的透视，参见图 5-14(c)。

例题 5-7：求下面圆柱体的成角透视，见图 5-15 所示。

作图步骤如下：

(1) **找特殊点**：作外切正方形框住圆，作图步骤见图 5-15(b)，找出圆上的八点 1、2、3、4、5、6、7、8。

(2) **确定灭点**：参照视线法的步骤(1)绘制出左右两个灭点 VP_1、VP_2，以及灭点 VP_1、VP_2 的基面正投影 vp_1、vp_2。

(3) **绘制真高线，视线法作图**：求出正方形各边上各个点的透视，详细步骤略；见图 5-15(c)所示。

(4) **找曲线上对应点的透视**：逐一寻找圆与网格线的交点在透视图矩形的对应位置，连接各个透视点即可求出前底面圆的透视。

(5) **作出后底圆的透视**：逐一寻找圆与网格线的交点在透视图矩形的对应位置，连接各个透视点即可求出后底面圆的透视；最后将圆上各个点的透视依次连接起来即为该圆柱的透视，参见图 5-15(c)。

以上两个例题的作图方法，利用视线法作图较为简单。

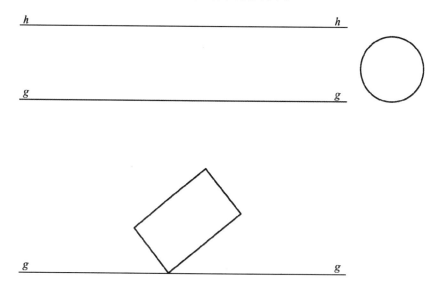

(a)

图 5-15　求圆柱形体的成角透视步骤及结果

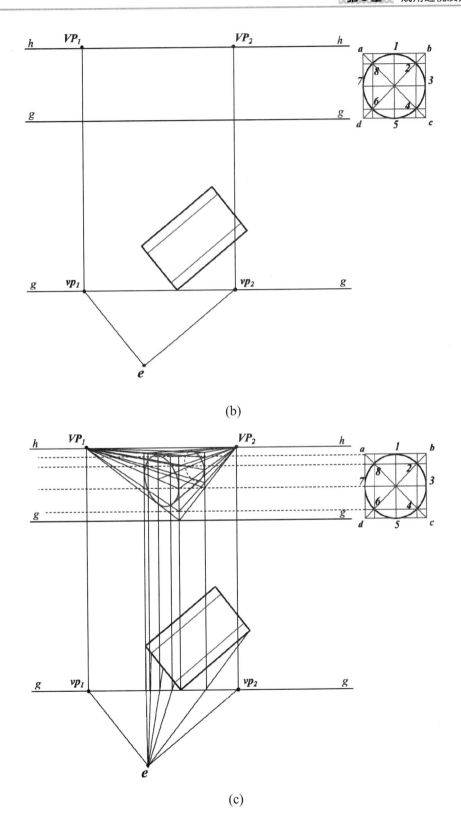

(b)

(c)

图 5-15 求圆柱形体的成角透视步骤及结果(续)

对于有规律的空间曲面，可通过对其进行几何分析，捕捉其关键点、特殊点，一般都能寻找到一种简单的方式作出其透视位置，而后连线完成作图。

5.2.3 成角透视的绘图常见错误

成角透视容易产生的错误与它的灭点(余点)、物体与画面之间的位置有关。

(1) 灭点(余点)位置要适当，太远或太近均会出现反常现象，如图 5-16 所示为灭点远近对透视效果的影响。

(2) 作成角透视图时，要将所有变线向灭点(余点)或量点消失，否则容易产生透视变形，如图 5-17 所示为个别变线没有向灭点消失的透视效果。

(3) 同一物体的两个消失点应在一条视平线上，并且与视中心(心点)VC 在同一条视平线上，如图 5-18 和图 5-19 所示。

(4) 在成角透视中，视中心 VC 仅仅是视点的投影位置，只是观察的辅助点，不能作为灭点(余点)，如图 5-20 所示为将视中心作为灭点时的透视效果。

(5) 同一个物体的不同部位必须共用同一条视平线同一个灭点，如图 5-21 所示为同一个物体的不同部位在不同灭点情况下的透视效果。

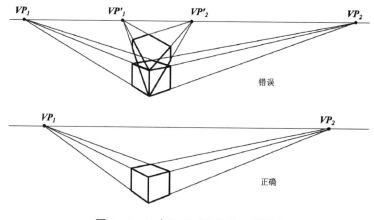

图 5-16 灭点远近对透视效果的影响

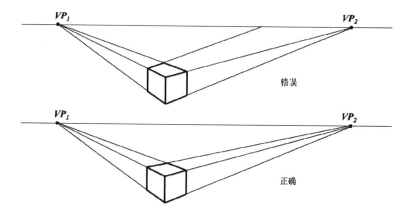

图 5-17 个别变线没有向灭点消失的透视效果

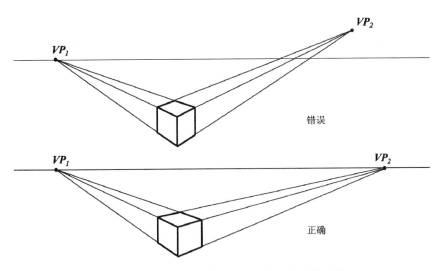

图 5-18　两个灭点不在同一视平线时的透视效果

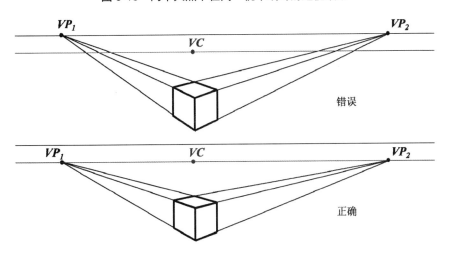

图 5-19　两个灭点与视中心 VC 不在同一视平线时的透视效果

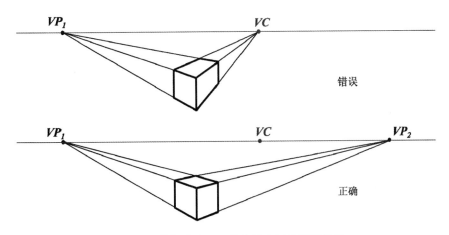

图 5-20　将视中心 VC 作为灭点时的透视效果

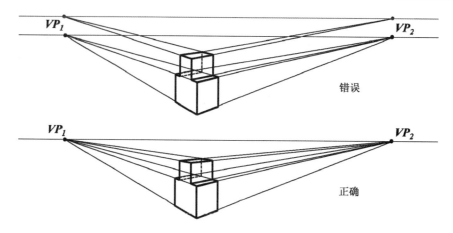

图 5-21　同一个物体的不同部位在不同灭点情况下的透视效果

(6) 组合物体同在一幅成角透视图中时，灭点共用，不能使用不同的多个灭点，如图 5-22 所示为组合物体在多个不同灭点下的透视效果。

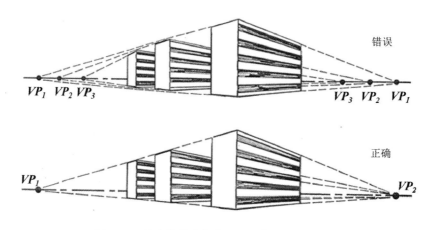

图 5-22　组合物体在多个不同灭点下的透视效果

5.3　成角透视的应用案例

本节引言

成角透视在设计领域中的应用最为广泛，通过该方法的表现，形体物或景物细节展现得更加全面，体量感更强，视觉效果更加逼真。

成角透视是所有透视方法中运用最为广泛的透视方法。

如图 5-23 所示是开罗城市博览会展馆形成的有组织的建筑组团，整个场地在画幅中呈成角透视，由于固定视点，建筑各自具有不同的成角状态，导致组团画幅层次极为丰富，建筑之间的关系也颇为生动。

第 5 章　成角透视及其画法

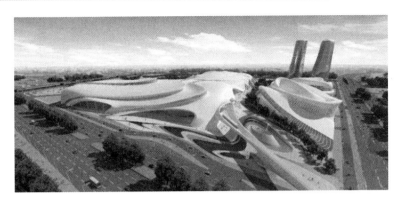

图 5-23　开罗城市博览会展馆

图 5-24 所示的法国凯旋门在微动状态下成角透视，相比平行透视，成角透视的空间体量感明显加强，能够更加详细地表现出该建筑的细节部分。

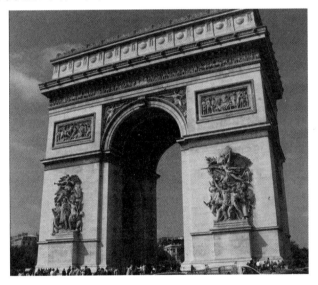

图 5-24　法国凯旋门在微动状态下的成角透视图

图 5-25 所示的手绘建筑成角透视图，该建筑具有丰富的立面效果，竖向的线条具有严谨的秩序，单调的秩序显得有些呆板，但成角透视的表现丰富了画面。

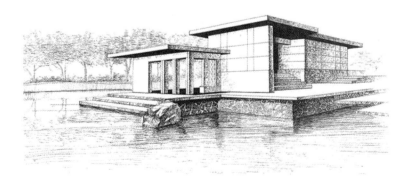

图 5-25　手绘建筑成角透视图

图 5-26 所示的汽车手绘图在成角透视影响下,显得具有视觉冲击力,体现了鲜活的视觉感受。

图 5-27 所示的室内设计图,无论是房间还是床铺,都与画面成角,由于成角幅度较大,加大了房间的进深感,并营造出较为丰富的视觉感受。

图 5-28 所示的办公家具设计表现图中不管是桌子还是座椅,都与画面成角,成角透视关系比较严谨,给人较强的空间体量感。

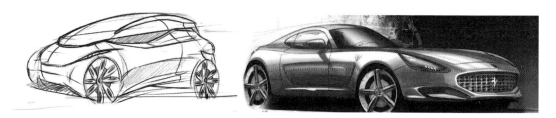

图 5-26　汽车手绘成角透视图

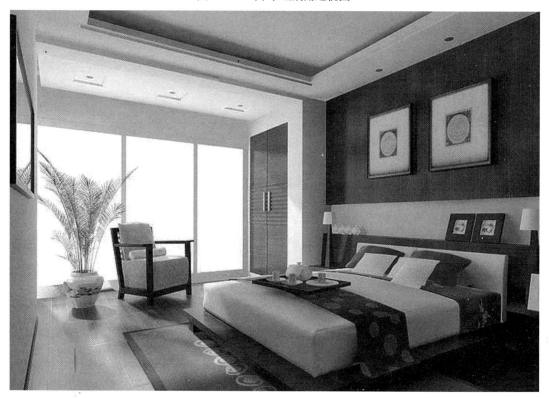

图 5-27　室内设计成角透视图

图 5-29 所示为饮水机的设计表现图,其成角透视关系表现得淋漓尽致,基本能够让我们观察到该产品的全部细节,生动丰富,给人很强的体量感和视觉感受。

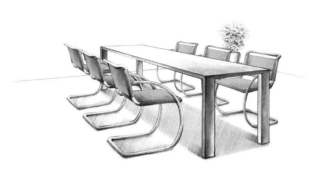
图 5-28　办公家具设计成角透视图

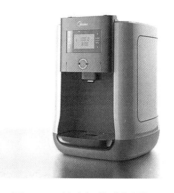
图 5-29　饮水机的成角透视图

思考与练习

1. 什么是成角透视？
2. 成角透视的特点和规律是什么？
3. 熟练掌握成角透视的几种画法。
4. 请你找出下面三幅图片的两个灭点位置，并用线条示意出来。

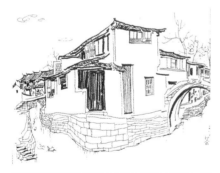

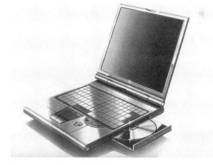

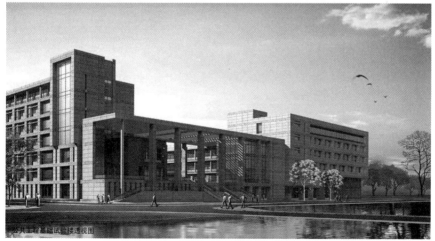

5. 请分别用视线法、量点法、画面迹点法绘制下面形体的成角透视图。

(1) 用视线法绘制形体的成角透视图。

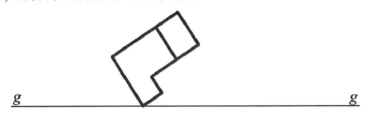

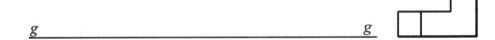

(2) 用量点法绘制形体的成角透视图。

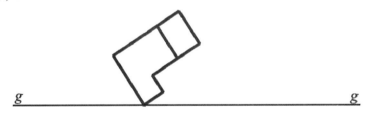

(3) 用画面迹点法绘制形体的成角透视图。

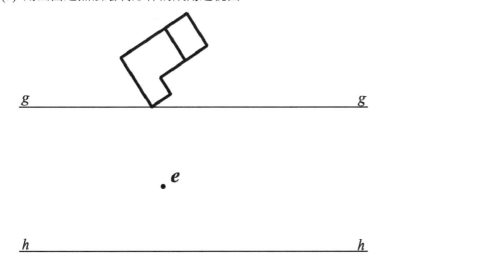

6. 请分别用视线法、量点法、画面迹点法、空间斜线灭点法绘制下面形体的成角透视图。

(1) 用视线法绘制形体的成角透视图。

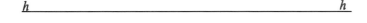

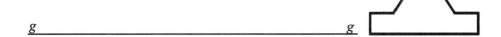

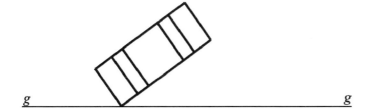

(2) 用量点法绘制形体的成角透视图。

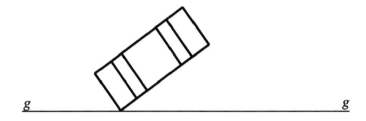

· e

(3) 用画面迹点法绘制形体的成角透视图。

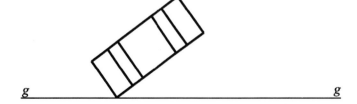

· e

(4) 用空间斜线灭点法绘制形体的成角透视图。

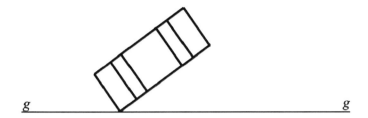

7. 求下面圆锥体的成角透视。

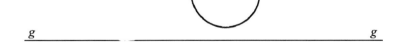

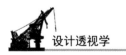

8. 求下面圆台的成角透视图。

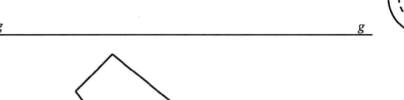

·e

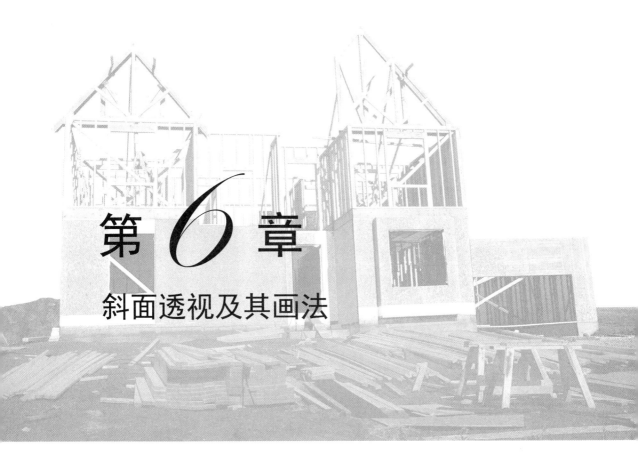

第6章
斜面透视及其画法

本章学习要点

- 斜面透视的形成原理
- 斜面透视的规律与特点
- 斜面透视的基本绘图法
- 斜面透视的应用案例

本章要求和目标

- 要求：掌握斜面透视的形成原理；掌握斜面透视的规律与特点；掌握斜面透视的基本绘图法；了解斜面透视的应用案例。
- 目标：要求能正确理解斜面透视的成因，合理运用斜面透视表现物体和空间。

课时安排

8课时。

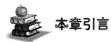本章引言

斜面透视是成角透视中的一种特殊情况，它的透视形成比一般成角透视更为复杂。这种透视在遵循平行透视和成角透视的同时，由于斜面变线在透视过程中消失于天点或地点，其透视过程有自己的特殊之处。

6.1 斜面透视的基本知识

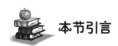

斜面透视画面所反映的视角比较复杂和特殊，不像平行透视和成角透视那样比比皆是，斜面的视角决定了它具有不同的透视元素位置。比如，当人们在平视物体时，该物体的某个或某些面倾斜于地面并且也倾斜于画面，在固定视向、视点的情况下，这个面或这些面便会形成斜面。

6.1.1 斜面透视的概念

斜面透视属于三点透视。斜面透视的画面所反映的视角比较特殊，它的视角决定了它透视元素的位置不同。图 6-1 所示为形体斜面与画面的关系。

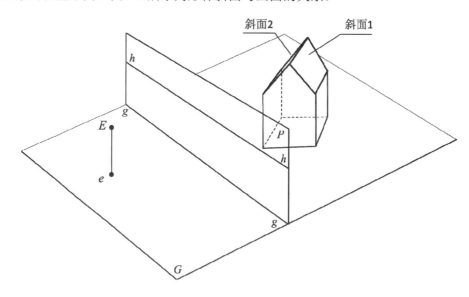

图 6-1 形体斜面与画面的关系

斜面透视是指形体的三条主向轮廓线均与画面成一角度，这样三组线在画面上就形成了三个灭点。它是在成角透视的基础上形成第三个灭点，从而产生透视关系，即三点透视。它的标志就是存在天点 *TP* 和地点 *DP*。

6.1.2 斜面透视的规律与特点

斜面透视的规律与特点如下。
(1) 人的视线方向为平视。

(2) 对于方形物体的透视斜面，向上斜时会消失于天点；向下斜时会消失于地点，如图 6-2 所示。

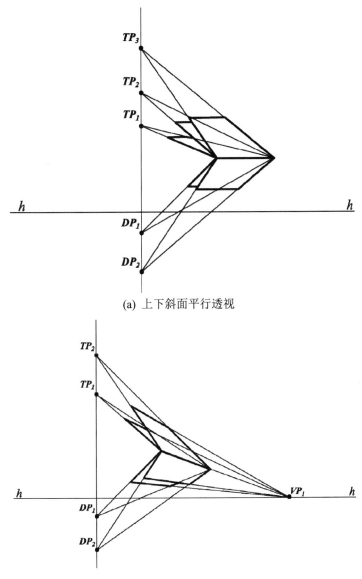

(a) 上下斜面平行透视

(b) 上下斜面成角透视步骤及结果

图 6-2 上下斜面透视图

(3) 在斜面透视中，灭点的位置取决于斜边斜度的大小，斜度大则灭点距底边迹线远，斜度小则距离近。

(4) 斜面透视的天点和地点始终与视中心或灭点相关联，如图 6-3 所示。绘制斜面平行透视时，天点和地点在视中心所在的垂线上；绘制斜面向右上或右下斜的成角透视时，天点和地点消失在视中心左侧的灭点或距点垂线上(图 6-4)；绘制斜面向左上或左下斜的成角透视时，天点和地点消失在视中心右侧的灭点或距点垂线上，如图 6-5 所示。

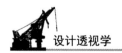

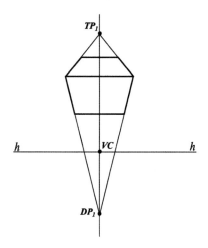

图 6-3　斜面平行透视中的天点、地点与视中心的关系

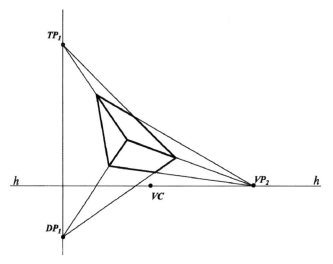

图 6-4　右上、右下斜面透视图中的天点、地点与灭点(余点)的关系

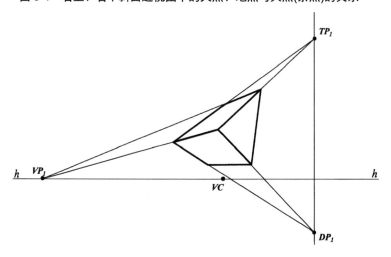

图 6-5　左上、左下斜面透视图中的天点、地点与灭点(余点)的关系

6.2 斜面透视的绘图方法

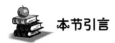**本节引言**

斜面透视的画法是在成角透视的基础上衍生出来的一种绘图方法，解决了一般成角透视画法所不能解决的问题。斜面透视的空间斜线灭点法给绘制斜面的透视带来了便捷，简化了很多步骤。

斜面透视的画法可运用第 5 章中介绍的空间斜线灭点法来求，在此运用此法以加强初学者的熟练程度。

例题 6－1：求下列斜面形体的透视图，如图6-6所示。

根据斜面透视的规律与特点，该形体的作图步骤如下。

(1) **确定灭点**：参照视线法的作图方法，确定视平线上的左右两灭点 VP_1 和 VP_2 以及灭点的基面投影 vp_1 和 vp_2。

(2) **确定辅助灭点 M(即量点)**：按照量点法的作图方法，以 vp_2 为圆心，以 evp_2 为半径画圆弧与基线 g-g 交得 M_1 点；以 vp_1 为圆心，以 evp_1 为半径画圆弧与基线 g-g 交得 M_2 点。

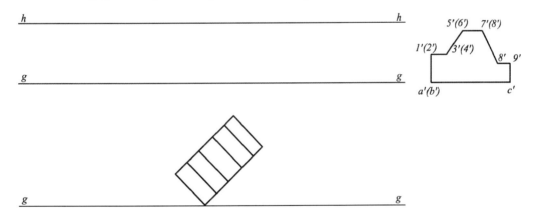

(a)

图 6-6　求斜面形体的透视图步骤及结果

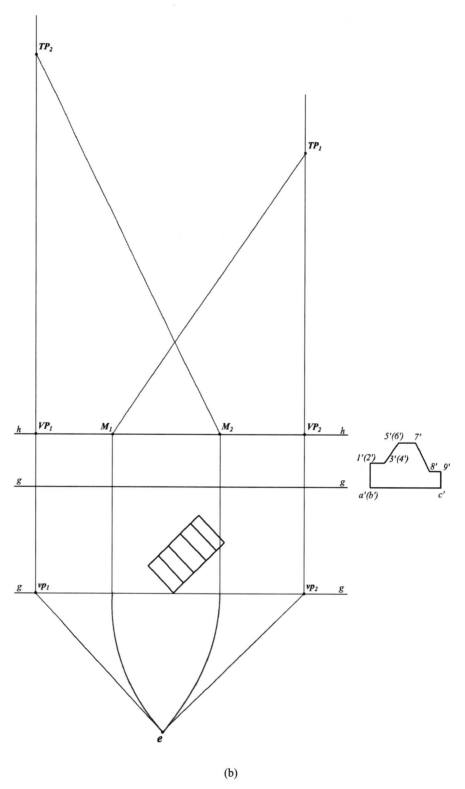

(b)

图 6-6　求斜面形体的透视图步骤及结果(续)

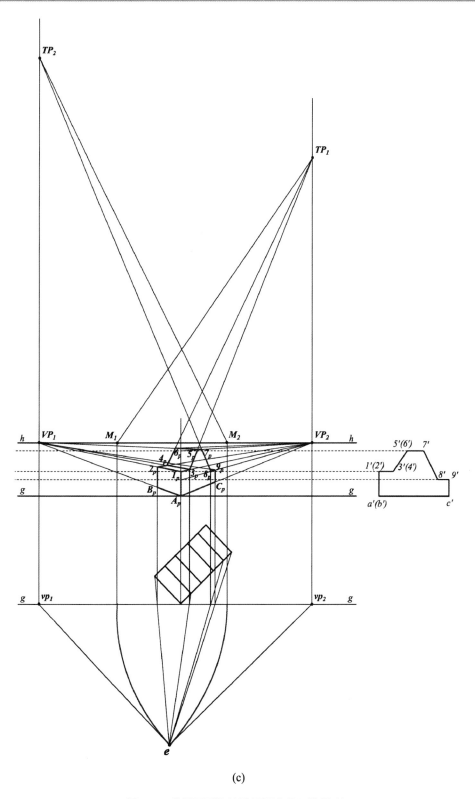

(c)

图 6-6 求斜面形体的透视图步骤及结果(续)

(3) **确定斜线的天点 TP_1、TP_2**：过辅助灭点 M_1 作左视图中 $3'5'$ 线的平行线，该线与过 VP_2 的垂线相交即得天点 TP_1 点；过辅助灭点 M_2 作左视图中 $7'8'$ 线的平行线，该线与过 VP_1 的垂线相交即得天点 TP_2 点，如图 6-6(b)所示。

(4) **绘制真高线、各个顶点的透视**：可参照视线法的对应步骤完成，求出底面上点 A、B、C 三点的透视为 A_P、B_P、C_P，如图 6-6(c)所示，过 A_P 点向上引的垂线为集中真高线，从而求出 1、2、3、4、8、9 六点的透视为 1_P、2_P、3_P、4_P、8_P、9_P。

(5) **确定斜面顶点的透视**：连接 3_PTP_1、4_PTP_1、8_PTP_2 即可确定斜面上的斜线 35、46、87 的透视方向。

连接 VP_2 和过 $5'$ 点作水平线与集中真高线的交点，与线 3_PTP_1 的交点即为斜面上的顶点 5 的透视 5_P。

连接 5_PVP_1 与 4_PTP_1 的交点即为斜面上的顶点 6 的透视 6_P。

连接 5_PVP_2 与 8_PTP_2 的交点即为斜面上的顶点 7 的透视 7_P。

(6) **求出透视图**：连接各点的透视，即可求出该形体的透视图，如图 6-6(c)所示。

例题 6-2：求下列斜面形体的透视图，如图 6-7 所示。

根据斜面透视的规律和特点，该形体的作图步骤如下。

(1) **确定灭点**：参照视线法的作图方法，确定视平线上的左右两灭点 VP_1 和 VP_2 以及灭点的基面投影 vp_1 和 vp_2。

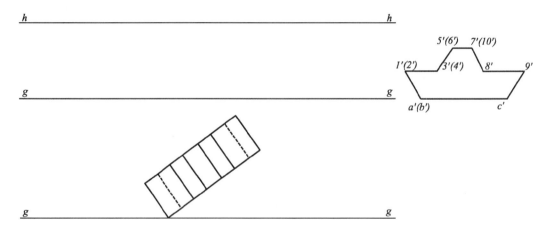

(a)

图 6-7 求斜面形体的透视图步骤及结果

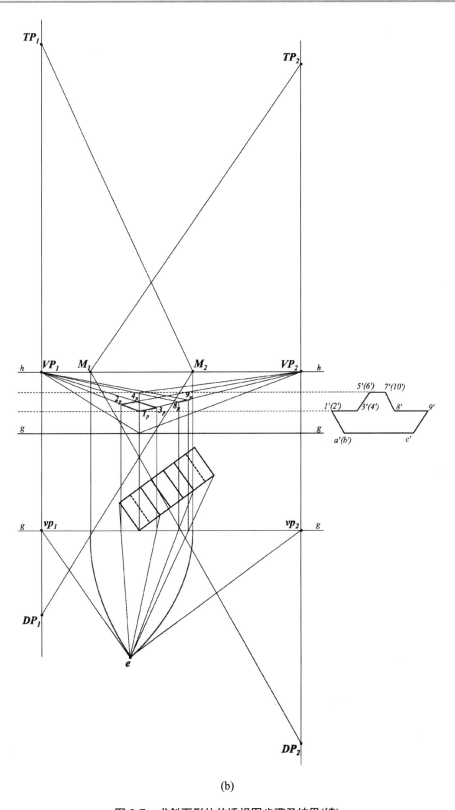

(b)

图 6-7 求斜面形体的透视图步骤及结果(续)

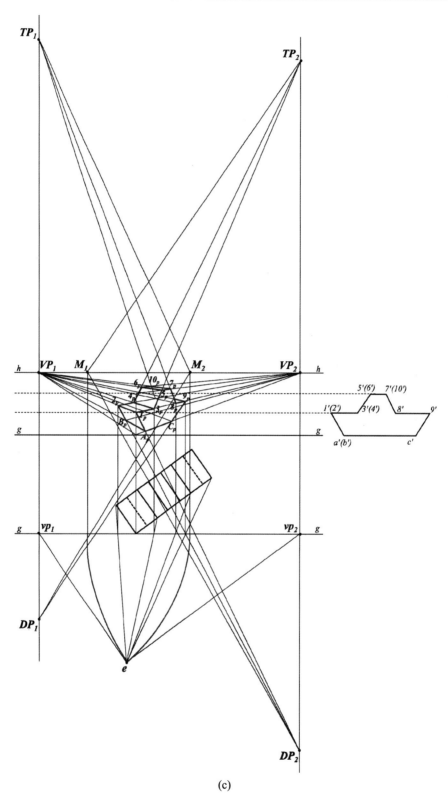

(c)

图6-7 求斜面形体的透视图步骤及结果(续)

(2) **确定辅助灭点 M_1 和 M_2(即量点)**：按照量点法的作图方法，以 vp_2 为圆心，以 evp_2 为半径画圆弧与基线 g-g 交得 M_1 点；以 vp_1 为圆心，以 evp_1 为半径画圆弧与基线 g-g 交得 M_2 点。

(3) **确定斜线的天点 TP_1、TP_2**：过辅助灭点 M_1 作左视图中 $3'5'$ 线的平行线，该线与过 VP_2 的垂线相交即得天点 TP_2 点；过辅助灭点 M_2 作左视图中 $7'8'$ 线的平行线，该线与过 VP_1 的垂线相交即得天点 TP_1 点，如图 6-7(b)所示。

(4) **确定斜线的地点 DP_1、DP_2**：过辅助灭点 M_1 作左视图中 $1'a'$ 线的平行线，该线与过 VP_2 的垂线相交即得地点 DP_2；过辅助灭点 M_2 作左视图中 $9'c'$ 线的平行线，该线与过 VP_1 的垂线相交即得天点 DP_1 点，图 6-7(b)所示。

(5) **绘制真高线和部分顶点的透视**：因形体上 1 点在画面内，所以其透视位置如图 6-7(b)所示，过 1_P 点引的竖直线为集中真高线。参照视线法的对应步骤完成，求出 1、2、3、4、8、9 六点的透视为 1_P、2_P、3_P、4_P、8_P、9_P；

(6) **确定斜面顶点的透视**：连接 $3_P TP_2$、$4_P TP_2$、$8_P TP_1$ 即可确定斜面上的斜线 35、46、87 的透视方向。

连接 VP_2 和过 $5'$ 点作水平线与集中真高线的交点，与线 $3_P TP_2$ 的交点即为斜面上的顶点 5 的透视 5_P。

连接 $5_P VP_1$ 与 $4_P TP_2$ 的交点即为斜面上的顶点 6 的透视 6_P。

连接 $5_P VP_2$ 与 $8_P TP_1$ 的交点即为斜面上的顶点 7 的透视 7_P；$7_P VP_1$ 与 $6_P VP_2$ 的交点即为斜面上的顶点 10 的透视 10_P。

连接 $1_P DP_2$ 即可求得 A 点的透视 A_P。

连接 $2_P DP_2$、$A_P VP_1$ 即可求得 B 点的透视 B_P。

连接 $9_P DP_1$ 与 $A_P VP_2$ 的交点即为 C 点的透视 C_P。

(7) **求出透视图**：连接各点的透视 1_P、2_P、3_P、4_P、5_P、6_P、7_P、8_P、9_P、10_P、A_P、B_P、C_P，即可求出该形体的透视图，如图 6-7(c)所示。

6.3 斜面透视的应用案例

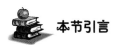

本节引言

斜面透视的表现能为设计图增添一些神秘感，由近及远地消失，使画面表现力更加丰富生动。

通过上一节中的斜面透视绘图方法可知，该种透视没有脱离前面所学的透视框架，对构图或视觉感受本身没有产生较大的影响，但它的应用可以让画面更加生动。

图 6-8 中这款 360°旋转分离式音箱采用了斜面表现形式，这种斜面成为该产品的点睛之笔，使产品变得灵活丰富。

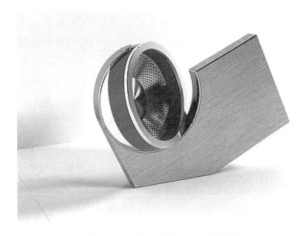

图 6-8　360°旋转分离式音箱

　　图 6-9、图 6-10 所示均为扎哈·哈迪德的设计作品。图 6-9 的作品舍弃了实质性的细节，只留下必要的建筑骨架，这使得斜面透视的表达更为清晰，极具设计美感。图 6-10 的作品是广州歌剧院的实体建筑，建筑外观与内部结构以及周边环境很好地融合，给建筑倾斜面提供了必要的表现舞台。

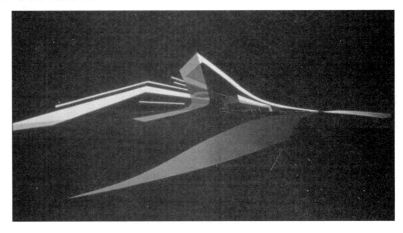

图 6-9　扎哈·哈迪德设计的园艺博览会展览馆

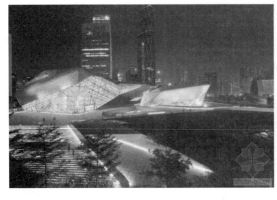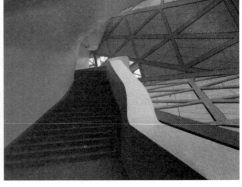

图 6-10　扎哈·哈迪德设计的广州歌剧院以及内部结构

图 6-11 所示的椅子应用斜面构成的靠背形成独特的倾斜透视关系,高耸的靠背营造出舒适的人体工学体验。

图 6-12 所示为扎哈·哈迪德设计的意大利展馆,室内空间斜面将整个房间分割成了不同形状的格局,使整个空间形成了跌宕起伏的画面,营造出了活泼而又充满艺术感的氛围。

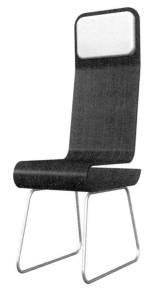

图 6-11 椅子

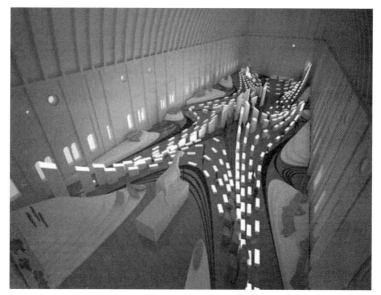

图 6-12 扎哈·哈迪德设计的意大利展馆

思考与练习

1. 什么是斜面透视?
2. 斜面透视的特点和规律是什么?
3. 熟练掌握斜面透视的画法。
4. 请画出下面斜面形体的透视图。
(1) 画出下面具有斜面的家具产品的透视图。

$\dot{e}$

(2) 画出下面具有斜面的产品透视图。

$\dot{e}$

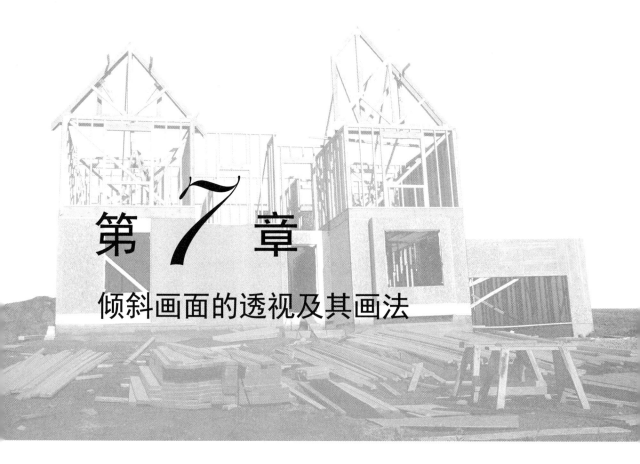

第7章
倾斜画面的透视及其画法

本章学习要点

- 倾斜画面的透视形成原理
- 倾斜画面的透视的规律与特点
- 倾斜画面的透视的基本绘图法
- 倾斜画面的透视的应用案例

本章要求和目标

- 要求：掌握倾斜画面的透视形成原理；掌握倾斜画面的透视的规律与特点；掌握倾斜画面的透视的基本绘图法；了解倾斜画面的透视的应用案例。

- 目标：倾斜画面的透视所反映的视角比较复杂。通过对倾斜画面透视的介绍和解析，使读者更加深入地了解透视，拓展透视的空间概念。要求能正确理解倾斜画面透视的成因，合理运用倾斜透视表现物体和空间。

课时安排

4课时。

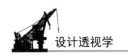

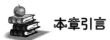 **本章引言**

倾斜画面透视简称斜透视。斜透视是在成角透视的基础上发展而来的，形体或空间在透视过程中消失于天点或地点，所产生的透视效果是平行透视、成角透视所不能实现的视觉效果，因此，斜透视有其自身的独特之处。本章主要介绍斜透视的特点、形成原理、绘制方法，在讲解和解析过程中列举大量的实例，便于读者理解和掌握。

7.1 倾斜画面的透视基本知识

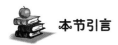 **本节引言**

斜透视主要用来表现比较高大的形体。斜透视中的斜面存在形式较多，比如有方形、圆形、三角形等为基本图形之间的组合都会产生不同的形式，从而能够形成较为复杂的视觉关系，即仰视斜透视和俯视斜透视这两种较为常见的斜透视现象。

前面所讲的平行透视、平角透视、成角透视和斜面的透视都是在画面与基面相互垂直的情况下产生的透视关系，而本章所讲的斜透视则是在画面与基面之间的夹角为锐角的情况下形成的透视，又称为倾斜透视或三点透视。

这种倾斜画面的透视主要用来表达形体高度尺寸比较大的产品，例如，人们要完整地看清一座建筑物或身材高大的巨人时往往会抬头仰视；而在观察体形矮小的产品时通常视角接近俯视。所以本章将重点介绍俯视透视和仰视透视的概念及基本画法。

7.1.1 倾斜画面的透视形成原理及概念

由于画面不垂直于基面，那么物体的三条主向棱线与画面均不平行，透视图中必然存在三个灭点，所以称为三点透视，由于画面与基面不垂直，所以又称为倾斜透视。这一形成过程就如拿着照相机对巨大的物体拍照。倾斜画面的透视形成示意图如图7-1所示。

倾斜画面的透视图的形成基本方式：由视点引物体上每一个特殊点(角点)的视线，与画面相交，适当地连接这些交点即可在画面上得到透视图。为简化作图，此时作图时须引进"灭点"的概念，通过视点作为物体的三条主棱线的平行线，与画面相交得到三个交点称为灭点，其中两个水平方向的灭点在视平线 h-h 上，位置如图7-1(b)和图7-1(c)所示。

从图7-1可见，倾斜画面时形成的斜透视与成角透视不同的地方在于：在斜透视中，画面在基面上的正投影没有积聚性，因此视平线 h-h 与基线 g-g 的位置是相互错开的。视线与画面的各个交点、h-h 线以及各灭点等均落在这个倾斜的画面上，因此要得到反映真实效果的透视图，必须在该倾斜的画面上确定好全部的透视点后将该画面旋转到垂直于基面的状态来观察。

为了作图方便，通常将画面绕基线 g-g 旋转到与基面垂直，如图7-1(b)所示。在旋转画面时，画面上各个交点、h-h 线以及各灭点等均要与画面同方向、同角度地旋转，并且这些点在沿着 g-g 线方向的左右位置没有改变，如图 7-1(d)所示。

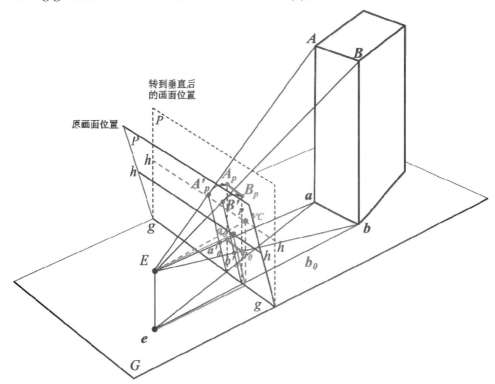

(a) 倾斜画面的透视形成示意图

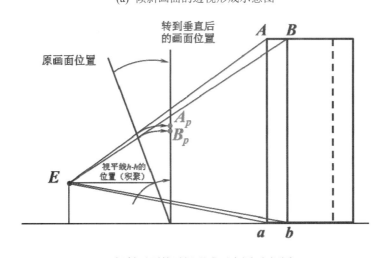

(b) 倾斜画面的透视形成示意图(右视图)

图 7-1 倾斜画面的透视形成示意图

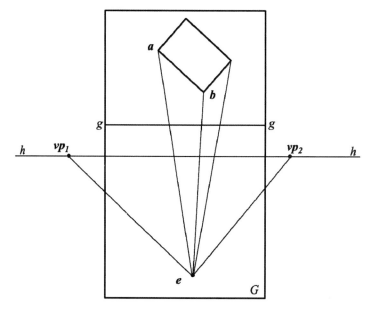

(c) 倾斜画面的透视形成示意图(俯视图)

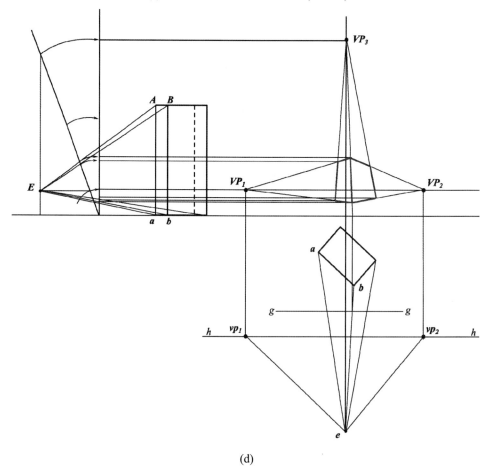

(d)

图 7-1 倾斜画面的透视形成示意图(续)

7.1.2 倾斜画面的透视分类

在日常生活中，由于我们视域有限，在观察景物时不可避免地要将头俯下或仰起。画面上的视平线和物体都可以在地平线的上方或下方，但物体的侧立面与地面垂直的变线，会向上或向下消失于天点或地点，由此可见就形成了仰视透视和俯视透视(又称鸟瞰透视图)。再进一步细分的话基本分为正仰视、正俯视、斜仰视、斜俯视四种类型。

正仰视透视和正俯视透视是指方形物体的顶面、地面均与画面平行，而且它垂直于地面的线消失于天点(又称灭点)或地点(又称灭点)；斜仰视和斜俯视透视是指方形物体中仅有一个顶点或一条边线接近或物体中没有面与画面平行，下图所示为斜透视的分类。

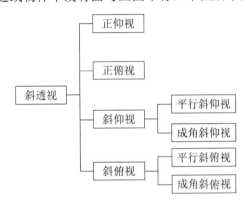

平行斜仰视和平行斜俯视主要是指当方形物体平放，一条边线靠近或与画面相切，另外三组边线分别向水平、天点(又称灭点)、地点(又称灭点)三个方向无限延伸，最终这三组边线消失于天点和地点衍生的灭点时的情况。图 7-2 所示为平行斜仰视和平行斜俯视示意图。

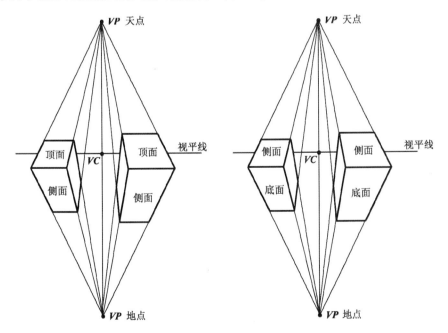

图 7-2　平行斜仰视示意图(左)和平行斜俯视示意图(右)

成角斜仰视和成角斜俯视是指当方形物体平放时，只有一个顶点靠近或与画面相切，六个面都与画面成角，三组边线分别向地点、左右天点或天点、左右地点无限延伸，最终它们消失于由天点和地点衍生的三个灭点时的情况。图 7-3 所示为成角斜仰视和成角斜俯视示意图。

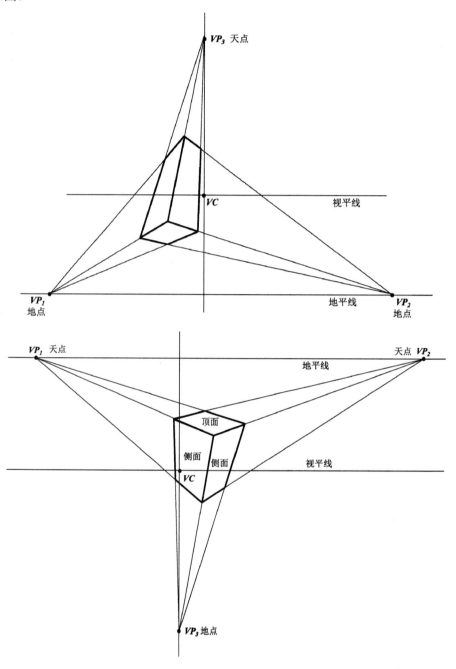

图 7-3　成角斜俯视示意图步骤及结果

倾斜画面的表现形式主要有两种。图 7-4 所示的示意图主要形成仰视斜透视，图 7-5 所示的示意图主要形成俯视斜透视。

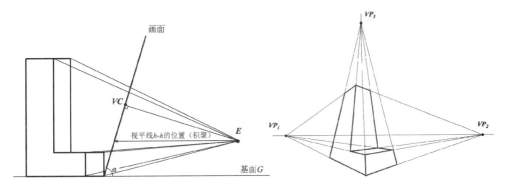

图 7-4　形成仰视斜透视示意图

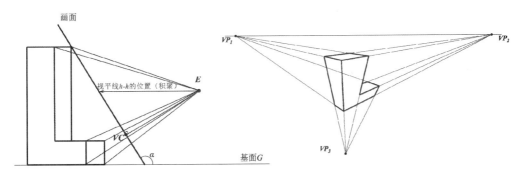

图 7-5　形成俯视斜透视示意图

7.1.3　倾斜画面的透视规律和特点

倾斜画面形成的透视与斜面透视、成角透视、平行透视相比具有更加复杂的规律和特点，主要表现在以下几个方面：

(1) 斜透视的画面不垂直于基面，呈一定夹角(大于 0°且小于 90°)，视心线与基面呈倾斜状态。如图 7-6 所示为视心线与基面、画面的关系示意图。

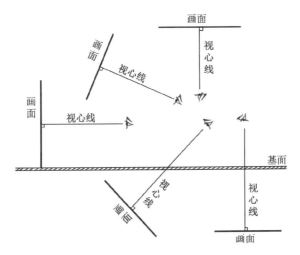

图 7-6　视心线与基面、画面的关系示意图

(2) 透视画面中的地平线高于视平线为俯视斜透视(图 7-7);地平线低于视平线为仰视斜透视,如图 7-8 所示。

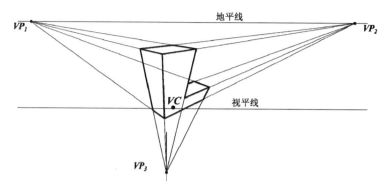

图 7-7 地平线高于视平线时形成的俯视斜透视

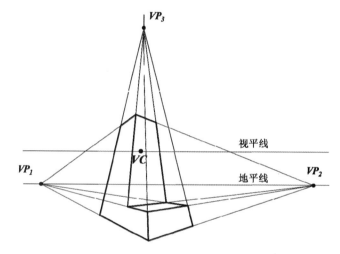

图 7-8 地平线低于视平线时形成的仰视斜透视

(3) 存在三组不同方向的透视线、三个灭点。

7.2 斜透视的画法

本节引言

本书主要研究斜透视的视线法和量点法这两种画法,此两种画法是对在平行透视、成角透视画法的拓展应用,也是对视线法和量点法的巩固。这两种方法简化了绘制斜透视的步骤,让斜透视的精确表现更加快捷。

由于斜透视关系复杂、操作难度高,应用上也较为受限制,只在规划、建筑设计中略有使用,故而本章主要介绍仰视成角斜透视和俯视成角斜透视的画法。

对于仰视成角斜透视和俯视成角斜透视的绘制方法,我们首先需要确立基本的要素:天点或地点和左右两个消失点,然后采用不同的应用方法绘制出形体的斜透视图。

绘制形体的斜透视可以用视线法、量点法两种方法。

1. 视线法

通过与视点连接的方式绘制出形体对象各顶点在画面上的迹点,借此确定出对象棱边的透视方向和透视长度,从而绘制出对象的斜透视图。

例题 7-1:绘制出下面四棱柱的仰视斜透视,如图 7-9 所示。

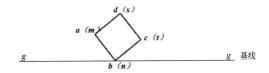

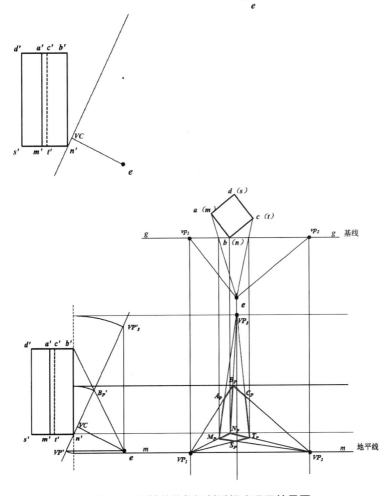

图 7-9　四棱柱的仰视斜透视步骤及效果图

作图步骤如下：

(1) **分析该四棱柱的空间位置关系**：因视点位置在该四棱柱的前下方，所以看到的透视效果应该是仰视图，并且地面上的顶点 N 在画面内，所以点 N 的透视在其本身的位置。

(2) **求各个灭点**：①确定 VP_3 的位置：将画面旋转到竖直状态，与 $b'n'$ 位置重合；过 e 点分别作棱线 $b'n'$ 和上底面棱线 $b'c'$ 的平行线，与积聚画面分别交于 VP'_3 和 VP'，再分别以 n' 为圆心，以 $n'VP'_3$、$n'VP'$ 为半径画圆弧，与竖直状态的画面有交点，从而可以确定地平线 mm 与灭点 VP_3 的位置。②确定 VP_1 和 VP_2：过 e 点作棱线 ab、bc 的平行线即可求出灭点 VP_1 和 VP_2。

(3) **确定特殊顶点的透视**：因 N 点在画面内，故过 n' 作一条与地平线 mm 平行的直线与过 n 点作的竖直线的交点，即为点 N 的透视 N_P；再连接 N_PVP_3 即确定棱线 BN 的透视方向；因 B 点是视点观察到的最高点，所以连接 eb' 与画面的交点 B_P'，再以 n' 为圆心，以 $n'B_P'$ 为半径画圆弧，然后作出的水平线与 N_PVP_3 的交点即为点 B 的透视 B_P。

(4) **确定一般位置顶点的透视**：连接 B_PVP_1、B_PVP_2、N_PVP_1、N_PVP_2，用来确定棱线 AB、BC、MN、NT 的透视方向；分别连接视线的基面投影 $e(m)$、$e(t)$，然后向下拉竖直线分别与 N_PVP_1、N_PVP_2 的交点即为 M、T 两顶点的透视 M_P、T_P；再连接 M_PVP_3、T_PVP_3 分别与 B_PVP_1、B_PVP_2 的交点即为点 A、C 的透视 A_P、C_P；再连接 M_PVP_2、T_PVP_1 其交点即为 S 点的透视 S_P。

(5) **完成透视图**：连接各个顶点的透视即可求出该四棱柱的斜透视，如图 7-9 所示。

例题 7-2：绘制出下面多面体的俯视斜透视，如图 7-10 所示。

作图步骤如下：

(1) **分析该四棱柱的空间位置关系**：因视点位置在该四棱柱的前上方，所以看到的透视效果应该是俯视图，并且顶面上的顶点 B 在画面内，所以点 B 的透视在其本身的位置。

(2) **求各个灭点**：①确定 VP_3 的位置：将画面旋转到竖直状态，与 $b'n'$ 位置重合；过 e 点分别作棱线 $b'n'$ 和上底面棱线 $b'c'$ 的平行线，与积聚画面分别交于 VP'_3 和 VP'，再分别以 b' 为圆心，以 $b'VP'_3$、$b'VP'$ 为半径画圆弧，与竖直状态的画面有交点，从而可以确定地平线 mm 与灭点 VP_3 的位置。②确定 VP_1 和 VP_2：过 e 点作棱线 ab、bc 的平行线即可求出灭点 VP_1 和 VP_2。

(3) **确定特殊顶点的透视**：因 B 点在画面内，故过 b' 作一条与地平线 mm 平行的直线与过 b 点作的竖直线的交点，即为点 B 的透视 B_P；再连接 B_PVP_3 即确定棱线 BN 的透视方向；因 N 点是视点观察到的最低点，所以连接 en' 与画面的交点 N_P'，再以 b' 为圆心，以 $b'N_P'$ 为半径画圆弧，然后作出的水平线与 B_PVP_3 的交点即为点 N 的透视 N_P。

(4) **确定一般位置顶点的透视**：连接 B_PVP_1、B_PVP_2、N_PVP_1、N_PVP_2，用来确定棱线 AB、BC、MN、NT 的透视方向；分别连接视线的基面投影 ea、ec，然后向下拉竖直线分别与 B_PVP_1、B_PVP_2 的交点即为 A、C 两顶点的透视 A_P、C_P；再连接视线的基面投影 $e(m)$、$e(t)$，然后向下拉竖直线分别与 N_PVP_1、N_PVP_2 的交点即为 M、T 两顶点的透视 M_P、T_P；再连接 M_PVP_2、T_PVP_1 其交点即为 S 点的透视 S_P。

(5) **完成透视图**：连接各个顶点的透视即可求出该四棱柱的斜透视，如图 7-10 所示。

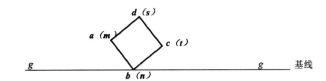

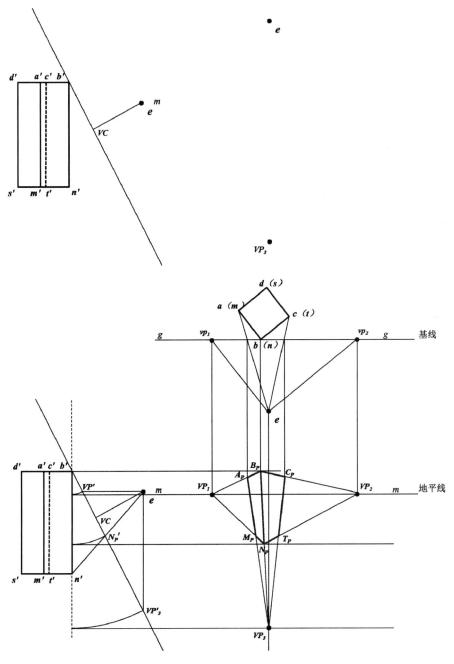

图 7-10 绘制出多面体的俯视斜透视步骤及效果图

2. 量点法

此方法应用到斜透视中，其画法与成角透视的画法相同。量点法的作图方法如下：

例题 7-3：绘制出下面四棱柱的斜透视，如图 7-11 所示。

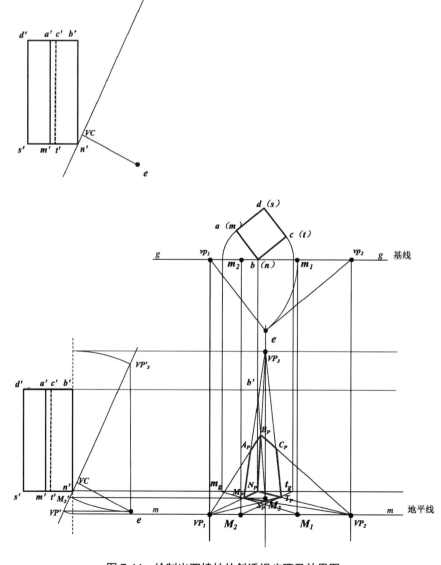

图 7-11　绘制出四棱柱的斜透视步骤及效果图

作图步骤如下：

(1) **分析该四棱柱的空间位置关系**：因视点位置在该四棱柱的前下方，所以看到的透视效果应该是仰视图，并且顶面上的顶点 N 在画面内，所以点 N 的透视在其本身的位置。

(2) **求灭点和量点**：①确定 VP_3 的位置：将画面旋转到竖直状态，与 $b'n'$ 位置重合；过 e 点分别作棱线 $b'n'$ 和上底面棱线 $b'c'$ 的平行线，与积聚画面分别交于 VP'_3 和 VP'，再分别以 n' 为圆心，以 $n'VP'_3$、$n'VP'$ 为半径画圆弧，与竖直状态的画面有交点，从而可以确定地平线 mm 与灭点 VP_3 的位置。②确定灭点 VP_1 和 VP_2：过 e 点作棱线 ab、bc 的平行线即可求出灭点 VP_1 和 VP_2。③确定量点 M_1、M_2、M_3：以 vp_1 为圆心、vp_1e 为半径画圆弧与基线 g-g 的交点即可求出量点 M_1；以 vp_2 为圆心、vp_2e 为半径画圆弧与基线 g-g 的交点即可求出量点 M_2；以 VP'_3 为圆心、VP'_3e 为半径画圆弧与倾斜画面的交点即可求出量点 M_3，即是通过水平测线将画面侧投影线上的迹点 M'_3 对应到心点的延长线上，求得量点 M_3，如图 7-11 所示。

(3) **确定特殊顶点 N 的透视**：因 N 点在画面内，故过 n' 作一条与地平线 mm 平行的直线与过 b 点作的竖直线的交点，即为点 N 的透视 N_P；再连接 N_PVP_3 即确定棱线 BN 的透视方向；因 B 点是视点观察到的最高点，所以过 b' 作水平线与 bN_P 交于点 b'，连接 M_3b' 与 N_PVP_3 的交点即为点 B 的透视 B_P。

(4) **确定顶点 M、T 的透视**：连接 B_PVP_1、B_PVP_2、N_PVP_1、N_PVP_2，用来确定棱线 AB、BC、MN、NT 的透视方向；分别将 m 点和 t 点旋转到基线上，通过垂直测线与过 n' 的水平线相交于 m_g 和 t_g，然后连接 m_gM_1 和 t_gM_2，m_gM_1 和 t_gM_2 分别与 N_PVP_1、N_PVP_2 的交点即为点 M 和点 T 的透视 M_P、T_P。

(5) **确定顶点 A、C、S 的透视**：连接 M_PVP_2、T_PVP_1，二者的交点即为顶点 S 的透视 S_P；连接 M_PVP_3、T_PVP_3，分别与 B_PVP_1、B_PVP_2 的交点即为顶点 A、C 的透视 A_P、C_P。将各个顶点的透视依次连接起来即可求出该形体的斜透视，如图 7-11 所示。

(6) **完成透视图**：连接各个顶点的透视即可求出该四棱柱的斜透视，如图 7-11 所示。

7.3 斜透视的应用案例

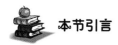
本节引言

斜透视并没有脱离透视原则，没有对构图或视觉感受本身产生较大的失真和变形，它的应用在表现较大空间或形体时能够更为生动活泼，带来不一样的视觉美感和张力。

通过上述的斜透视绘图方法可知，这种透视没有脱离前面所学的透视框架，但它的应用使得画面更加生动。从俯视的总体来看，画面适合表现比较大的空间群体，稳定感弱，动感强烈，纵线压缩较明显，具有压抑感。从仰视的总体来看，画面适合表现较高的空间群体，动感强烈。

图 7-12 所示是运用倾斜画面透视表现建筑群外立面的效果图。倾斜画面透视(斜透视)

关系独特的透视感，使作者能够运用透视缩形表现建筑物高大的体量。同时，该图选取了带有仰视的视角，展示了建筑群的高大及整体的布局关系。此外，形象的虚实对比、色彩的深浅处理等技巧，使画面的层次感较强，突出表现的重点。

图 7-13 所示的广州塔，也是运用倾斜画面透视表现建筑物的外部立面效果。该图选择的是带有仰视角度的斜透视关系，充分展现了广州塔庞大的空间尺度及高挑的"小蛮腰身材"。

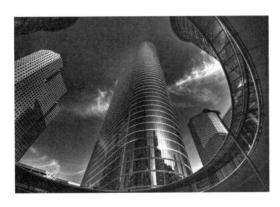
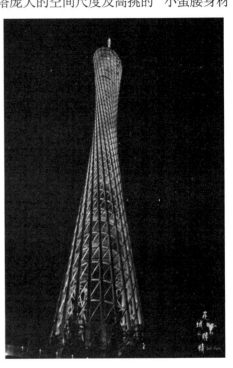

图 7-12　建筑斜透视　　　　　　　　　　图 7-13　广州塔

图 7-14 所示的扎哈·哈迪德设计的超级名模住宅别墅，在俯视透视作用下，使该建筑与周围环境恰当地融合在一起，形成天然的主次关系，重点突出。

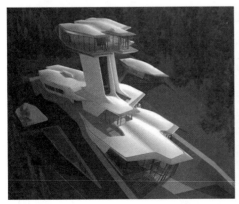
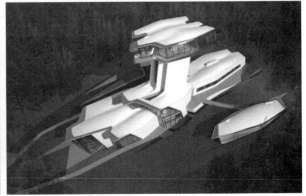

图 7-14　扎哈·哈迪德设计的超级名模住宅别墅

图 7-15 所示的扎哈·哈迪德设计的茶几在俯视透视视角下，对该作品的形态和体量的展示更加全面，使整个作品场景显得更加丰富奇妙。

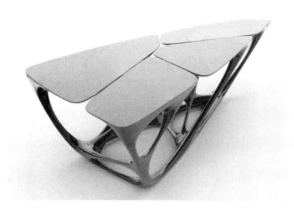

图 7-15 扎哈·哈迪德设计的茶几

图 7-16 中《变形金刚》主角大黄蜂的造型采用了仰视透视表现手法,赋予了大黄蜂高大威猛的形象,此手法也充分表现出了大黄蜂是正义的代表,折射出超人般的正能量。

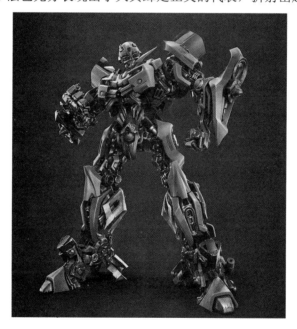

图 7-16 《变形金刚》人物主角大黄蜂

思考与练习

1. 什么是斜透视?
2. 斜透视的特点和规律是什么?
3. 熟练掌握斜面透视的画法。
4. 请画出下面形体的透视图。

(1) 用视线法绘制下面形体的仰视透视图。

(2) 用量点法绘制下面形体的仰视透视图。

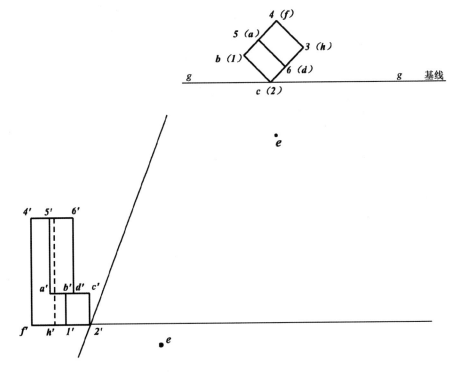

(3) 用视线法绘制下面形体的俯视透视图。

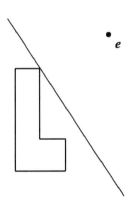

(4) 用量点法绘制下面形体的俯视透视图。

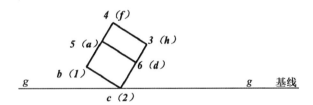

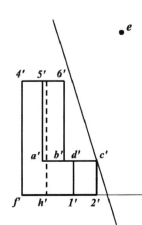

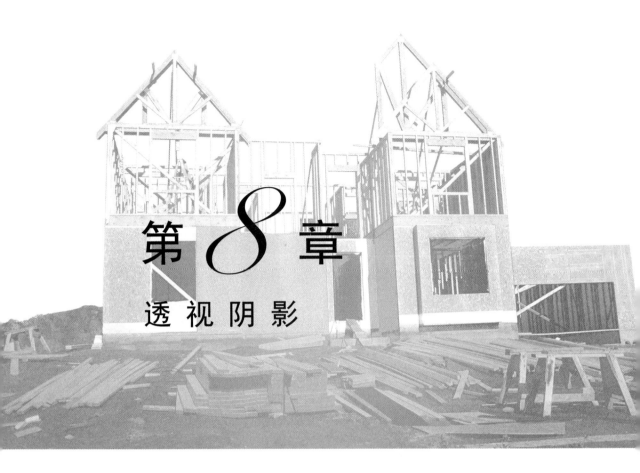

第 8 章 透视阴影

本章学习要点

- 透视图阴影的基本知识
- 透视图阴影的画法

本章要求和目标

- 要求：掌握阴影与透视阴影的基本规律、常用术语；掌握透视图阴影的画法。
- 目标：通过对透视阴影的介绍和解析，使读者更加深入地了解透视阴影。要求学生能正确理解透视阴影的形成规律、特点以及透视阴影的画法。

课时安排

4课时。

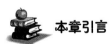 **本章引言**

光的存在是形成阴影的必要条件，影子和光密不可分。影子会随着光的强弱和位置的变化而变化；形体的阴影也会随着光的变化而变化，并产生透视。透视阴影的应用会使形体或空间透视效果更加真实、丰富，并充实表现画面。

8.1 透视图阴影的基本知识

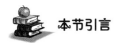 本节引言

阴影给透视起到锦上添花的作用。本节主要介绍透视图的阴影以及它的形成规律、特点，为后面学习阴影的画法做好铺垫。

阴影与透视阴影是两个不同的概念。

阴影是物体笼罩在光线下的结果；而透视阴影是将阴影作为一种表现对象，指的是在透视图中符合透视规律的阴影图形，它研究的是阴影在透视图中的表现规律。两者存在包含和递进关系，阴影研究的范围包含透视图阴影，透视图阴影的研究建立在阴影研究的基础之上。在绘图中，不论表现对象是否包含透视图，加绘阴影都能够起到增强立体感、丰富画面效果图的作用，增加形体的真实感。

8.1.1 阴影的产生与基本规律

当半透明或者不透明的物体受到光线照射后，就会产生阴面、阳面以及由于物体阻挡而照不到光线的影面，这就是日常生活中的阴影现象。阴影的存在使人能够直观地感受到光照和空间体量，使对象更好地呈现立体效果(图8-1、图8-2)。

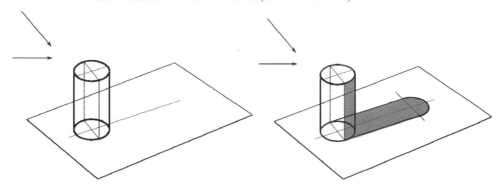

图8-1　加绘阴影后圆柱体的透视图

通过上图的透视阴影效果分析可以看出，透视图自身具有较强的立体感，在加绘阴影后，明显加强了形体的体量感，增强了画面的表现效果。

"阴影"包含"阴"和"影"两层含义。"阴"指的是阴面，即在光照条件下对象自身背光的面；"影"指的是影面或者影子，即由对象被遮挡而产生的阴面的投影面。阴面和影面共同称为"阴影"。

产生阴影的必备因素有光源、形体物和承影面。光源从来源上分，可分为自然光源和人工光源；从光的形态分为面光源和点光源。其中，自然光源主要是太阳光，其基本特征为均质，所以又称为面光源，将其认为是由无数平行光线组合而成的；人工光源主要是以

灯光为主，其特征是散漫，所以又称为点光源，一般将其看作由一点发出的束状光线组合而成。形体物是阴面的载体和影面的产生者，是在一定光源下实际客观存在的，看得见摸得着的物体；承影面是影的承载者，是影面出现并存在的承接物。

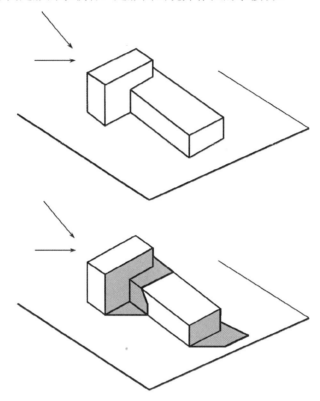

图 8-2　加绘阴影后组合形体的透视图

光源、形体物和承影面对阴影的呈现状态起着决定性的作用，阴影的形状及变化规律受这三种因素的影响，详细分析如下。

(1) 图 8-3 所示为在不同光源下形体物的阴影形状与变化规律。

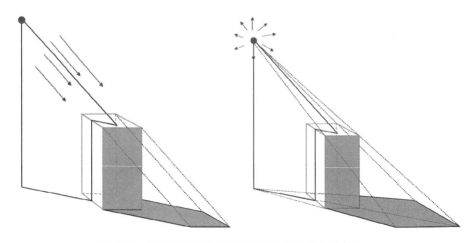

图 8-3　在面光源和点光源下阴影的形状与变化规律

(2) 图 8-4 所示为同一光源在不同高度下形体物的阴影形状与变化规律。

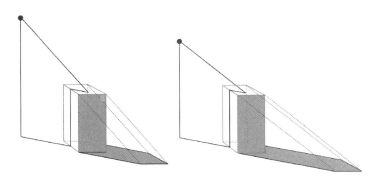

图 8-4　同一光源在不同高度下形体的阴影形状与变化规律

(3) 图 8-5 所示为在不同光线方位的光源下，形体物的阴影形状与变化规律。

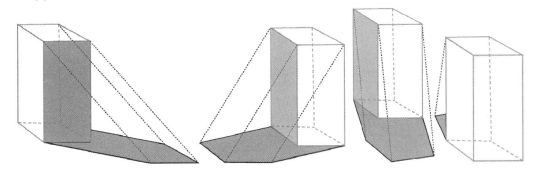

图 8-5　左侧、右侧、逆向和顺向光源下形体的阴影

(4) 图 8-6 所示为在同一光源下，同一形状的承影面位置不同时，相同形体物的阴影形状与变化规律。

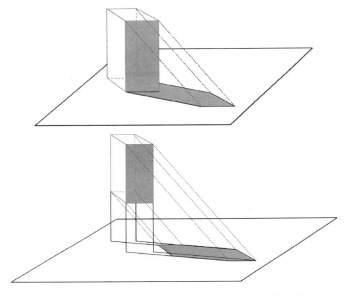

图 8-6　形体物紧贴承影面或放置在承影面上方时的阴影状态

(5) 同一光源下,对于不同形状的承影面,同一形体物的阴影形状不同,如图 8-7 所示。

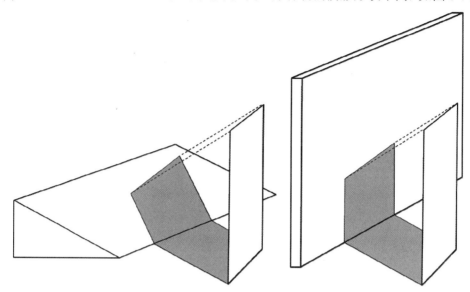

图 8-7　同一光源下,不同形状的承影面,同一形体物的阴影状态

(6) 形体物的阴影受其形状和大小的影响,如图 8-8 所示。

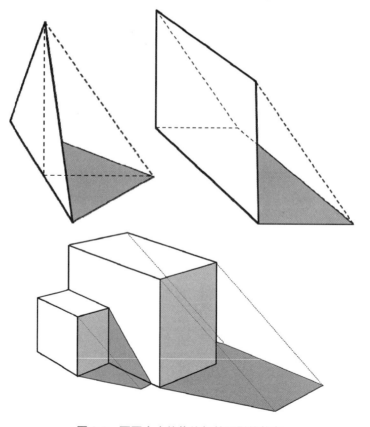

图 8-8　不同大小的物体与其阴影的状态

8.1.2 透视图阴影的专业术语

透视图阴影所用的专用术语如图8-9所示。

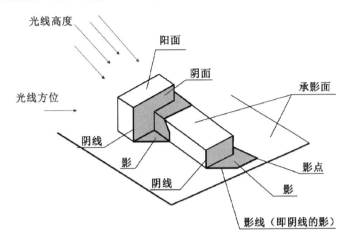

图8-9 阴影的专业术语

本章主要介绍透视图在面光源(又称平行光)下形成的阴影。

(1) **高度角、方位角**：平行光线的投射方向是用高度角和方位角两个角度作为坐标来表示的。光线高度与光线方位之间成一定夹角，此夹角的范围为0°～90°。其中的高度角指的是光线与水平承影面的夹角，其变化值为0°～90°，一般用 α 表示；方位角即是光源所在的方位，指的是光线在水平面上的投影与正南方向的夹角，一般用 β 表示；光线一般用 L 表示，光线在水平面上的投影用 l 表示，如图8-10所示。

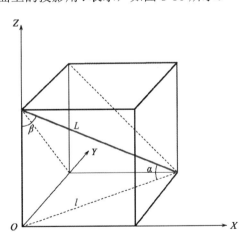

图8-10 与X轴、Y轴、Z轴夹角为0°～90°的光线

(2) **阳面**：物体在光线的照射下，其表面上直接受光的部分显得较为明亮，一般被称为阳面或受光面。

(3) **阴面**：物体有些部分表面由于不能直接受到光的照射，就显得比较阴暗，所以被称为阴面或背光面。

(4) **阴线**：阳面与阴面的交界线称为阴线。

(5) **影**：由于物体不透光，阴面对临近的受光面形成遮挡，致使物体背光一侧形成阴暗的影区，这些被遮光的部分称为影、落影或投影。

(6) **影线**：影的轮廓线称为影线。

(7) **影点**：影线上的点称为影点。

(8) **承影面**：影的承接面称为承影面或落影面。

8.2 透视图阴影的画法

本节引言

透视图的阴影画法与透视图的画法有一定的规律，但同一透视物体在不同的光线下产生的阴影不同。本节主要研究光线与画面平行、光线与画面相交这两种情况下所形成的透视阴影画法。

透视图中的阴影就是在透视图中加绘阴影，由于和透视图一样存在透视的关系，所以阴影也存在透视关系，即在透视图中直接作出带有阴影的透视。

8.2.1 透视图中的光线

1. 透视图中光线的分类

在本章中，透视图中的阴影所研究的光线主要是平行光线，因此光线的透视具有平行直线的透视特征。在绘制形体的透视时，因光线投射的方向与形体的相对位置不同，可形成不同的光线方向，分为顺光线、逆光线、左侧光线、右侧光线这四种情况，它们所构成的区域分为顺光区、逆光区、左侧光区、右侧光区。图 8-11 所示为光照在投影平面内的不同区域划分。

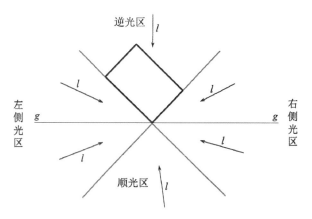

图 8-11　光照在投影平面内的不同区域划分

(1) **顺光线**：光线从观察者的背后射向形体，这种方向的光线称为顺光线。在这种光线下，形体的两个可见立面均受到阳光照射，光影变化丰富，能充分显示出形体的光影变化效果。图 8-12 所示为花卉在顺光线下阴影的变幻效果。

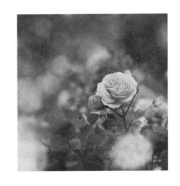

(2) **逆光线**：光线穿过形体向观察者迎面射来，即光线从形体的背后射向形体，此时光线方向称为逆光线。在这种光线下，形体的两个可见立面均是背光面，但在背景的衬托下形体的外形轮廓具有明显的特殊的艺术效果，图 8-13 所示为逆光的应用。

图 8-12　花卉在顺光线下阴影的变幻效果

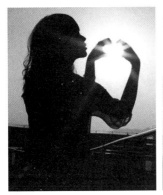 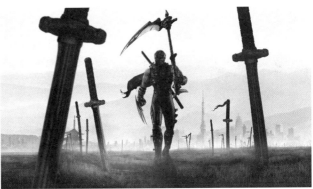

图 8-13　生活中和动漫设计中逆光的应用

(3) **左、右侧光线**：光线从观察者的左侧或右侧射向形体，这种方向的光线称为侧光线。在这种光线下，形体的两个可见立面中的其中一个立面为阳面，另一个立面为阴面，光影变化丰富，可形成强烈的明暗对比和视觉冲击力，增强形体的体积感。图 8-14 所示为生活中侧光线下阴影的变幻效果。

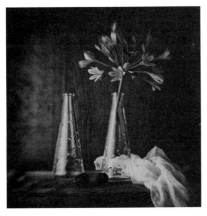 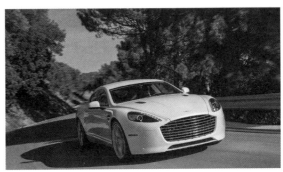

图 8-14　侧光线下阴影的变幻效果

2．透视图中光线的给定

在给定光线方向的条件下，加绘透视图的阴影，一般存在以下两种情况。

(1) 光线与画面平行。

当光线与画面平行时,光线属于侧光线。在此情况下,根据透视规律,光线与画面没有交点,即为无灭点光线。光线的透视与光线自身平行,光线的基透视与基线 g-g(或视平线 h-h)平行,因此,只要给出光线的高度角,便可确定光线的方向,如图 8-15 所示。

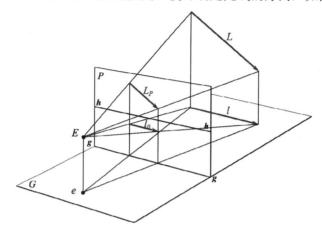

图 8-15　与画面平行的光线

(2) 光线与画面相交(包含垂直于画面的情况)。

当光线与画面相交时,光线的方向在透视图中是用光线灭点 VP_L 及光线基灭点 vp_l 给定。

① 如图 8-16 所示,当光线从观察者的背后(顺光)射向画面的前面时,光线的灭点 VP_L 在视平线 h-h 的下方,光线的基灭点 vp_l 在 h-h 上。

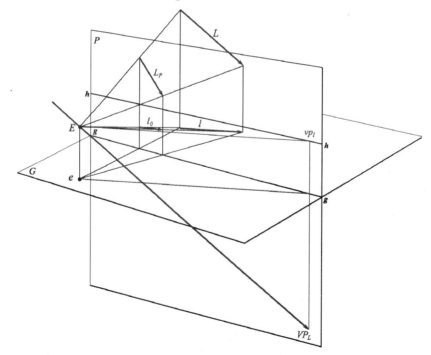

图 8-16　射向画面正面的光线(顺光)

② 当光线迎着观察者射向画面的背后(逆光)时(图 8-17)，此时光线灭点 VP_L 在视平线 h-h 的上方，光线的基灭点 vp_l 仍在 h-h 上。

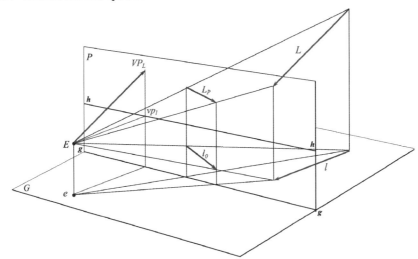

图 8-17　射向画面背面的光线(逆光)

8.2.2　透视图中阴影的画法

在透视图中加绘阴影需要两个条件：一是确定好形体的透视图；二是确定光线的方向。在满足这两个条件的情况下，其作图步骤一般为：确定光线的方向；区别物体表面上的阴面和阳面，即确定阴线；运用形体轮廓线(直线或曲线)的落影规律画出透视阴影。

形体轮廓线在承影面上的落影，可看作是过轮廓线的光平面与承影面的交线。

本书中所研究的承影面一般为平面，其位置状态一般是水平面、铅垂面或者倾斜面。

以下主要研究光线与画面平行、光线与画面相交这两种情况下透视阴影的画法。

1. 光线与画面平行时透视阴影的画法

光线与画面平行时，属于侧光线，无灭点，其透视与自身平行并反映光线对基面的倾角，光的基透视始终与 h-h 平行，因此画面平行光线可用实际光线 L 和光投影 l 给定；也可以用光线的高度角给定，并说明是左侧光还是右侧光；光线给定后便可确定形体物表面上的阴线。

例题 8-1：已给定画面平行光 L 和光投影 l(图 8-18)，求出下面梯形面 $ABCD$ 的透视阴影。作图步骤如下。

(1) 在确定了梯形面 $ABCD$ 的透视图 $A_pB_pC_pD_p$ 之后，过点 A_p、B_p 作光线 L 的平行线，再分别过 a_p、b_p 作光线基透视 l 的平行线(平行于 h-h)，对应两线的交点，即为点 A、B 在地面上的落影 A_0、B_0。

(2) 连接 A_0、B_0 即为梯形面的边 AB 在地面上的落影 A_0B_0，因 AB 是水平线，与它在地面上的落影平行，故有共同的灭点 VP。A_0B_0 就是过 AB 的光平面与地面的交线。

(3) 斜线 AD、BC 的落影是过 AD、BC 的光平面与地面的交线，斜线 AD、BC 上的点的落影均在 A_0D_p 上集中。

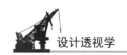

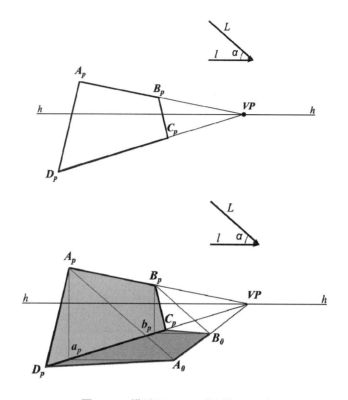

图 8-18 梯形面 $ABCD$ 的透视阴影结果

(4) 将 $A_0B_0C_pD_p$ 连接起来，即得梯形面 $ABCD$ 在地面上的阴影。

例题 8-2：如图 8-19 所示，已知斜面体的两点透视，求在给定光线下的透视阴影。

作图步骤如下。

(1) 已给定光线 L 的方向，即光线平行于画面。过 K_p、R_p、T_p、M_p 作光线 L 的平行线，再分别过 A_p、r_p、t_p 作光线基透视 l 的平行线(平行于 h-h)，对应两线的交点，即为点 K、R、T、M 在地面上的落影 K_0、R_0、T_0、M_0。

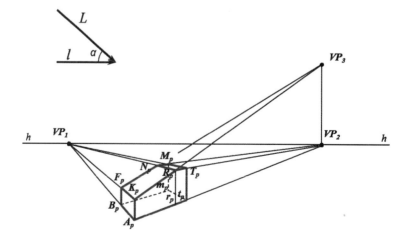

图 8-19 斜面体的透视阴影结果

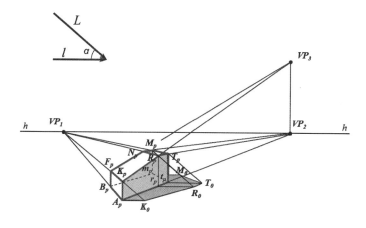

图 8-19 斜面体的透视阴影结果(续)

(2) 连接落影 K_0、R_0、T_0、M_0 即为斜面体棱线 KR、TM 的落影 K_0R_0、T_0M_0。

(3) 铅垂线 K_pA_p、M_pm_p 的落影,是过 K_pA_p、M_pm_p 的光平面与地面的交线 K_0A_p、m_pM_0,K_0A_p、m_pM_0 与光线的基透视平行,即与 h-h 平行。

(4) 依次连接点 A_p、K_0、R_0、T_0、M_0、m_p 即得到斜面体在地面上的阴影。

例题 8-3:如图 8-20 所示,在已给定光线条件下,求出下面组合体的透视阴影。

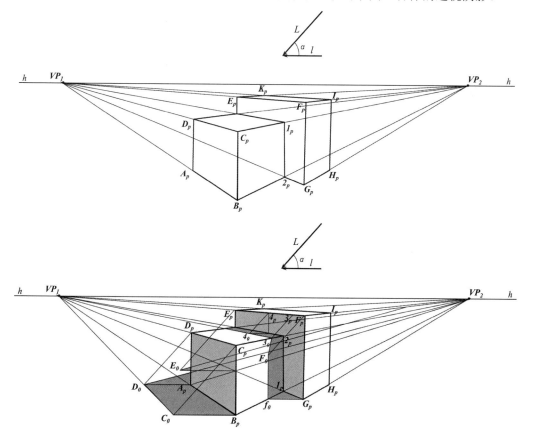

图 8-20 组合体的透视阴影结果

作图步骤如下。

(1) 已给定光线 L 的方向,即光线平行于画面,而且光线从右侧方射向组合体,那么组合体的阴线分别为 CD、BC、EF、FG、FK,而且组合体的两点透视图也已给出。分别过透视点 C_p、D_p、E_p 作光线 L 的平行线,再分别过 A_p、B_p 作光线基透视 l 的平行线(平行于 h-h),对应两线的交点,即为点 C、D、E 在地面上的落影 C_0、D_0、E_0。

(2) 由于阴线 EF、FG 的落影承影面是左侧的形体面和地面,所以其落影规律稍微复杂,那么,需要借助于辅助点求解。

① 求阴线 EF 的落影:取辅助点 3_p、4_p,过点 3_p、4_p 作光线 L 的平行线,再作光线基透视 l 的平行线(平行于 h-h),对应两线的交点,即为辅助点 3_p、4_p 在左侧的形体面上的落影 3_0、4_0,落影点 3_0、4_0 连线延长线交于灭点 VP_1,即求出了阴线 EF 在左侧的形体面上的阴影。

② 求阴线 FG 的落影:过 G_p 作光线基透视 l 的平行线(平行于 h-h),与棱线 1_pB_p 的交点记为 f_0,过 G_p 作光线 L 的平行线,与过 f_0 点作的垂线交于点 F_0 即为所求的 F_p 的落影,连接 F_03_0 即为线段 3_pF_p 的落影。因阴线 FG 是一条垂直于地面的棱线,所以,F_0f_0、f_0G_p 分别是其在左侧形体面 $B_pC_p2_p1_p$ 和地面上的落影。

(3) 依次连接各个落影点即可求出该组合形体的阴影,所求的结果如图 8-20 所示。

此例说明,**铅垂线在地面上的落影与光线基透视的方向相同;棱线落影的透视与棱线的透视方向相同,均消失于共同的形体自身的灭点。**

2. 光线与画面相交时透视阴影的画法

在画面相交光线下,加画透视阴影时首先用光灭点(VP_L,又称为光点)和光基灭点(vp_l,又称为光足)给定光线方向,再根据形体灭点与光灭点、光基灭点之间的相对位置确定光的类型,进而分清形体表面的阴面与阳面,并找出阴线,再求其落影。

当光线是用形体上某一点的落影给定,或使用其他方法(如高度角与方位角)给定时,也都必须判定形体灭点与光灭点 VP_L、光基灭点 vp_l 之间的相对位置方可完成阴影作图。

例题 8-4:已给定光线的灭点 VP_L、光基灭点 vp_l 和幕墙 $ABCD$ 的透视(图 8-21),求出下面幕墙 $ABCD$ 的透视阴影。

作图步骤如下。

(1) 连接光灭点 VP_L 与 A_p 并延长,与光基灭点 vp_l 和 D_p 的连线延长线交于点 A_0,即为点 A 在地面上的落影。

(2) 因幕墙边线 AB 在地面上的落影与其自身平行,有共同的灭点 VP,所以连接 A_0、VP 与 VP_LB_p 的延长线交得 B_0,将 A_0、B_0、C_p、D_p 相连即得到幕墙 $ABCD$ 在地面上的阴影,如图 8-21 所示。

此例说明,**空间某点的落影一定是过点的光线透视与过该点的基透视的光基透视的交点。铅垂线在地面的落影与光线基透视的方向相同,均消失于灭点 vp_l。水平线在地面或水平面上的落影与其自身相互平行,故直线落影与水平线的灭点相同。**

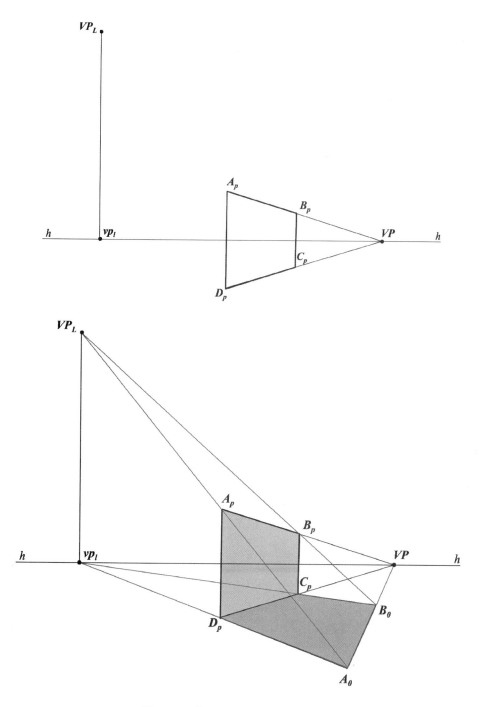

图 8-21 梯形面 ABCD 的透视阴影结果

例题 8-5：如图 8-22 所示，已经给出组合体的两点透视图和 C 点的落影，求出该组合体的阴影。

作图步骤如下。

(1) 先求出光线的灭点 VP_L 和基灭点 vp_l。已知 C 点的落影，那么 C_pC_0 即为光线的透视，

B_pC_0 为光线的基透视,延长光线的基透视 B_pC_0 至视平线 h-h 得到的交点即为光线的基灭点 vp_l,因光线灭点和基灭点的连线垂直于视平线,所以过 vp_l 作视平线 h-h 垂线与 C_pC_0 的延长线的交点即为光线的灭点 VP_L。

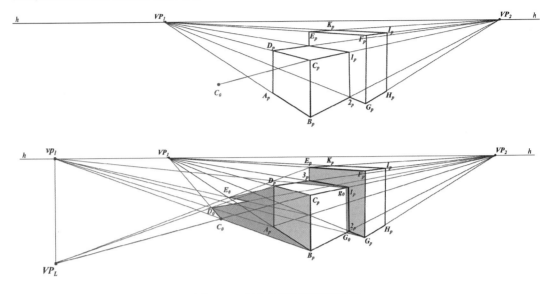

图 8-22　组合体的透视阴影结果

(2) 求各阴线的落影。判断出棱线 BC、CD、3D、3E、EK、EF、FG 都为阴线,依次求出各个顶点的落影位置。

① 求 D 点的落影:连接 D_PVP_L、A_Pvp_l 二者的交点即为 D 点的落影 D_0,连接 C_0D_0 并延长,恰好交于形体的灭点 VP_1,连接 D_0VP_2 即可确定阴线 3D 的透视方向。

② 求 E 点的落影:连接 E_PVP_L,与过 E 点的基透视的光基透视的交点即为 E 点的落影 E_0,连接 E_0VP_2 即可确定阴线 EK 的透视方向。

③ 求阴线 FG 的落影:阴线 FG 是一条垂直于地面的棱线,其落影位置分布在地面和组合体侧面 12BC 上,连接 G_P、vp_l 即可确定 G 点的落影 G_0,而在侧面 12BC 上的落影仍垂直于地面,如 G_0g_0 即为 FG 在侧面 12BC 上的落影。

④ 求阴线 EF 的落影:阴线 EF 的落影位置分布在地面和组合体面 13DC 上。连接 g_0vp_l 确定阴线 EF 落影的透视方向。

(3) 依次将各个影点的落影连接起来,即可得到该组合体的阴影,如图 8-22 所示。

8.3　透视图阴影的应用案例

本节引言

在现实生活中,有光的情况下,任何形体物都会产生阴影,阴影反映了物体的受光情况,光影的应用领域比较广泛,主要应用于摄影、设计、绘画等。透视图阴影的实际运用不仅能强化表现物体真实的空间感和体积感,而且通过光影的灵活变化可以制造出非常奇妙而丰富的视觉感受。

图 8-23 所示为扎哈·哈迪德设计的巴黎流动艺术馆,通过自然组织系统构思,从功能和概念上形成几何形状、流畅的集合体和有机线条流畅的组成一个动态空间,光成为室内主体,将光明与黑暗,内部和外部对立,自然和人造对立,起伏的表面和流动的汇聚,不断重新定义每一个展览空间的质量和体验,而运动贯穿始终。

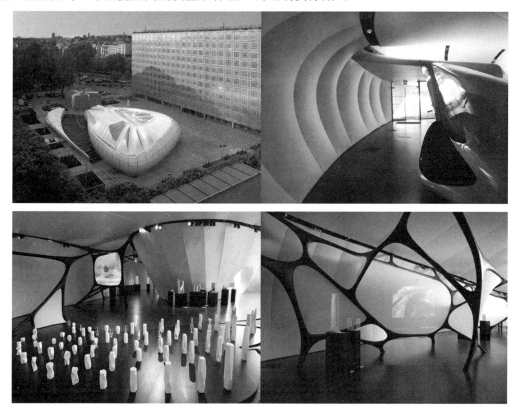

图 8-23 巴黎流动艺术馆外景与室内设计

图 8-24 所示为路易吉·克拉尼设计的酒杯。在侧光照射下,产品显得更加晶莹剔透,折射效果更加丰富奇妙。

在图 8-25 所示的摄影作品——车站中,逆光的照射使整个画面增加了体积光的效果,更能烘托出列车进站时的动感,平滑渐进的阴影透视变化,使视觉效果十分震撼,体量感和空间感较强。

图 8-26 所示为达·芬奇巨作《蒙娜丽莎》,达·芬奇独特的艺术语言是运用明暗法创造平面形象的立体感。他曾说过:"绘画的最大奇迹,就是使平的画面呈现出凹凸感。"他使用圆球体受光变化的原理,首创明暗转移法(亦称明暗渐进法),即形象由明到暗的过渡是连续的,像烟雾一般,没有截然的分界。《蒙娜丽莎》是这种画法的典范之作。

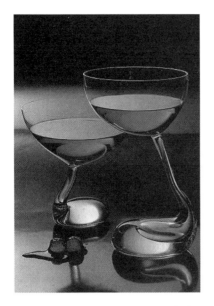

图 8-24　路易吉·克拉尼设计的酒杯

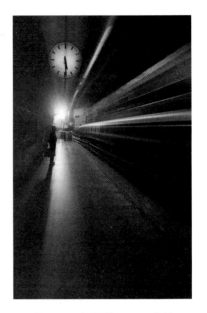

图 8-25　摄影作品——车站

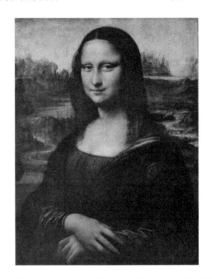

图 8-26　达·芬奇巨作《蒙娜丽莎》中光照阴影的应用

思考与练习

1. 什么是阴影与透视阴影？
2. 阴影与透视阴影的基本规律、常用术语分别是什么？
3. 掌握透视阴影的基本绘制画法。
4. 请画出下面形体的透视阴影。
(1) 请画出在画面平行光下形体的透视阴影。

① 请画出右侧画面平行光下组合体的透视阴影。

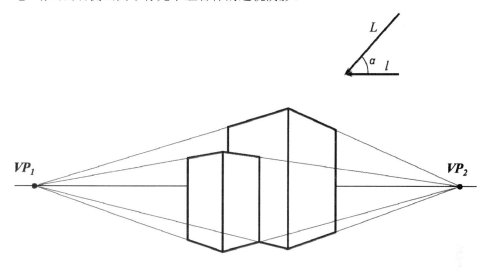

② 请画出左侧画面平行光下组合体的透视阴影。

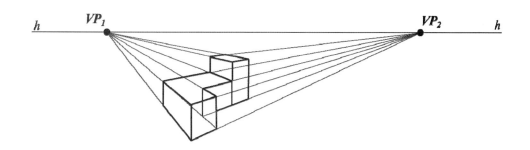

(2) 请画出与画面相交的平行光下形体的透视阴影。

① 已给定光线的灭点 VP_L、光基灭点 vp_l 和形体的透视，求出其透视阴影。

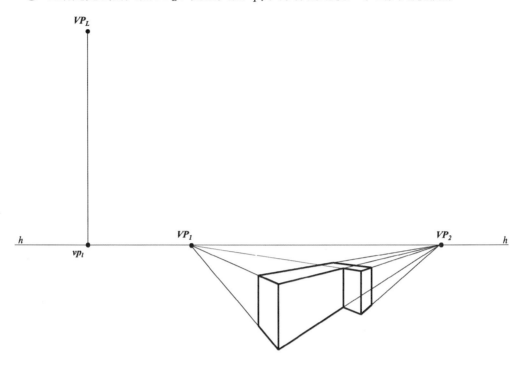

② 已给形体的透视以及其中一点 A 的落影，求出其透视阴影。

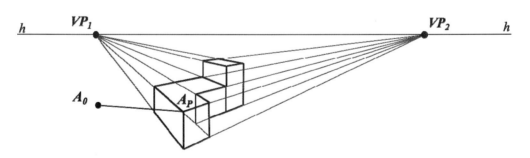

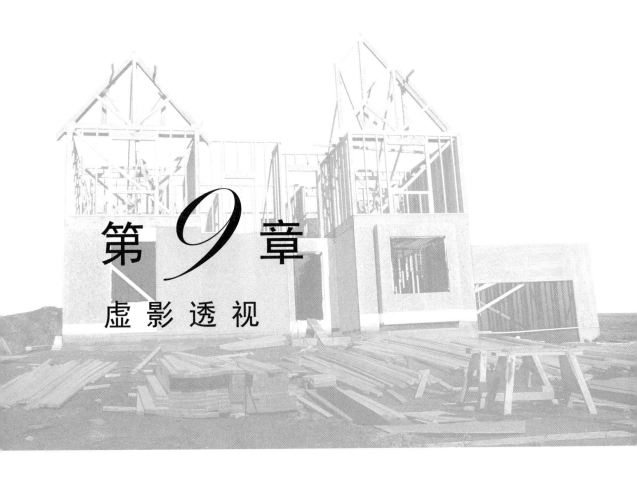

第 9 章 虚影透视

本章学习要点

- 虚影透视的基本知识
- 虚影透视的画法

本章要求和目标

- 要求：掌握虚影透视的基本知识；虚影透视的形成条件；虚影透视的形成原理；虚影透视的基本规律和特点；几种虚影透视图的画法。
- 目标：虚影透视是透视学中美化效果图表现的一种表现手法，本章是使学生能够掌握虚影透视的若干绘图方法，加深对透视学的理解。

课时安排

4 课时。

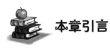 **本章引言**

本章重点介绍虚影透视的形成原理、基本规律和特点以及几种常见的虚影透视现象及

其画法。虚影透视在设计效果图的表达中起着至关重要的作用，便于我们更好地表现设计概念。

9.1 虚影透视概述

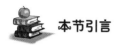
本节引言

在学习虚影透视的画法之前，需要先了解虚影透视的形成条件、形成原理以及规律和特点，从而为虚影透视的画法做铺垫。虚影透视实质上也就是映像的透视关系。物体在水中有倒影，在镜中有虚像，二者的形成皆基于光学中的反射定律，都是光线以一定规律被反射回来，反射面总是按入射角和反射角相等的规律把物体成像到观察者眼中，学习者在掌握了此规律之后就能逐渐熟练地绘制出虚影透视图。

在自然界或生活当中，我们眼睛看到的影像都是在光照下形成的，其内容包含像和影，这是两个不同的概念。本章所探讨的虚影又称虚像或映像，与前面章节中所讲的内容不同。第 8 章所讲的是由实际光线在承影面上汇聚而成的实像，而本章所讲的是物体的虚像，如水面倒影、平面镜成像、潜望镜成像等，这些都是虚像，都呈现一定的透视规律；在光滑材料表面上的成像现象也同样遵循透视原则，但具有一定的独特性。

9.1.1 虚影透视形成的条件

虚影与光不可分离，没有光，物体也就没了虚影。虚影透视实质上也就是映像的透视关系。物体在水中有倒影，在镜中有虚像，二者的形成皆基于光学中的反射定律，都是光线以一定规律被反射回来，反射面总是按入射角和反射角相等的规律把物体成像到观察者眼中。如图 9-1 至图 9-6 所示的水面和镜面形成的虚影透视。

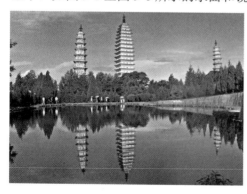

图 9-1 湖水中塔的倒影

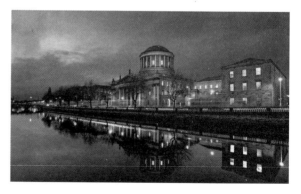

图 9-2 水边建筑群透视及其虚影透视

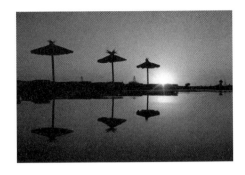

图 9-3 海边凉亭的透视及其虚影透视

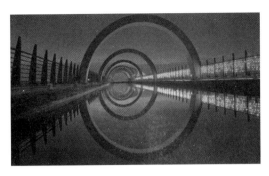

图 9-4 水面上拱桥的透视及其虚影透视

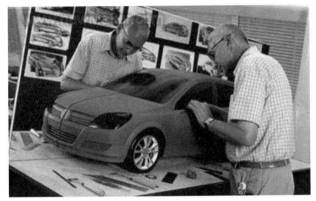

图 9-5 设计师结合镜子中的虚影制作汽车模型

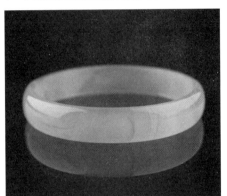

图 9-6 放在桌面上的手镯及其虚影

9.1.2 虚影透视的形成原理

虚影的形成就是物理学里的光学原理——镜面成像原理。即物体在平面镜中的像和物体等大并相互对称。**在透视图中作一个形体的虚影，就是画出形体对称于反射平面的对称图形的透视。**

成像界面所处的方位以及视向的不同，导致形体的虚影呈现出水平、垂直、倾斜等几种不同的状态。下面主要介绍成像界面为水平和垂直两种情况下虚影的形成原理。

1. 水面倒影的形成原理

如图 9-7 所示，当人站在岸边观看对岸的树木时，必然能看到其在水面的倒影，将人的视点与倒影最低点的连线与水面的交点，即可得到法线的位置。

拓展分析得知：**过形体上的某一点作水平面的垂线，并求出与该点到水面等距离的投影，即可得到该点的倒影。**

2. 平面镜成像的形成原理

平面镜成像与水面倒影的成像原理相同，镜面反射出的形体虚像一般为镜像。从根本原理上说倒影与镜像的成像原理是相同的。如图 9-8 所示，物体到镜面的距离与镜像到镜面的距离相等，过 A 点作镜面的垂线，并确定其到镜面等距离的虚影的位置，即 A' 点即为点 A 的镜像，连接 $A'E$，与镜面的交点即可确定法线的位置。

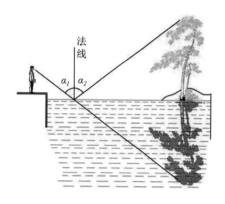

图 9-7 水面倒影的成像原理　　　　图 9-8 平面镜的成像原理

上述两种成像情况被反射出的映像即能形成虚影。我们将虚影、形体与成像界面之间产生的透视关系称为形体的虚影透视。虚影透视的形成过程如图 9-9 所示。

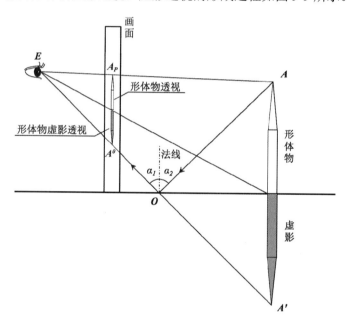

图 9-9 虚影透视的形成过程

9.1.3 虚影透视的规律和特点

虚影透视在设计和绘画创作中被广泛应用,对虚幻情境表现的感染力很强,能够给人变幻莫测的视觉效果,丰富画面的表现力。关于虚影透视的规律和特点主要表现在以下几个方面。

(1) 虚影与形体实物之间呈反方向。

(2) 虚影与成像界面之间的距离与形体实物到成像界面之间的距离相等。

(3) 在水平放置或竖直放置的镜面中,虚影的透视状态与形体实物的透视状态一致,而且**共灭点**,如图 9-10 所示为虚影透视规律示意图。

第9章 虚影透视

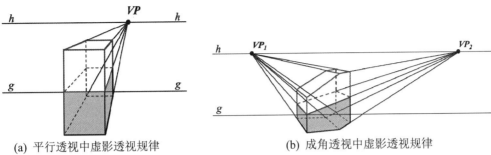

(a) 平行透视中虚影透视规律

(b) 成角透视中虚影透视规律

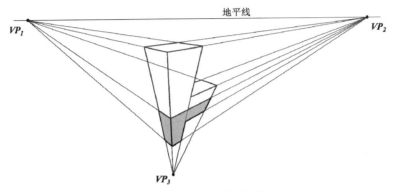

(c) 斜透视中虚影透视规律

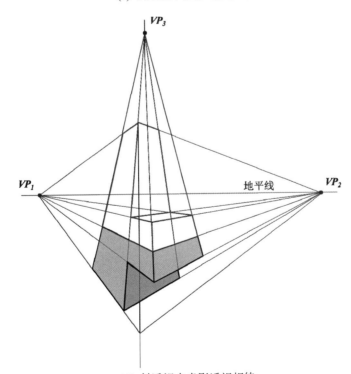

(d) 斜透视中虚影透视规律

图 9-10 虚影透视规律示意图

9.2 虚影透视的绘图方法

本节引言

本节主要介绍水面(或者水平位置镜面)虚影透视和镜面(或者竖直位置镜面)虚影透视的绘图方法。水面虚影透视的画面是上下位置关系，而镜面虚影透视的画面是左右位置关系，其绘图方法如下。

9.2.1 水面(或者水平位置镜面)虚影透视的绘图方法

水面虚影是所有虚影透视中一种常见的现象，在透视图中我们要注意水面和虚影之间的关系。

1. 平行透视的水面(或者水平位置镜面)虚影透视

例题 9-1：如图 9-11 和图 9-12 所示，已知形体的平行透视，求其水平镜面的虚影透视。

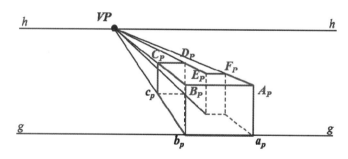

图 9-11　形体的平行透视

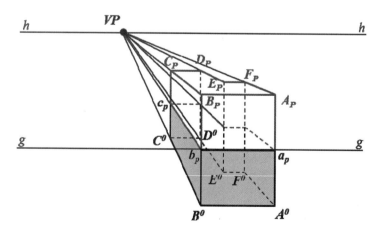

图 9-12　形体的水平镜面的虚影透视

作图步骤如下：

(1) 假设 $g\text{-}g$ 为水平镜面，已知该形体物的平行透视图，水平镜面的虚影也应符合平行透视的规律和特点，然后采用对称图形的简捷画法，找出其镜面 $g\text{-}g$ 下的对称点，再按透视规律连接起来，即可作出其虚影的透视。

(2) 作出面 $A_PB_Pb_pa_p$ 的对称面即可确定 A_P、B_P 点的虚影 A^0、B^0，连接 A^0VP、B^0VP 确定形体棱线 BC、AF 的虚影透视方向。

(3) 作点 C_P、D_P、E_P、F_P 等距离的对称点即得到其相应的虚影 C^0、D^0、E^0、F^0，依次连接起来即可求出该形体物的虚影透视图，如图 9-12 所示。

2. 成角透视的水面(或者水平位置镜面)虚影透视

例题 9-2：如图 9-13 和图 9-14 所示，已知形体物的成角透视，求其水平镜面的虚影透视。

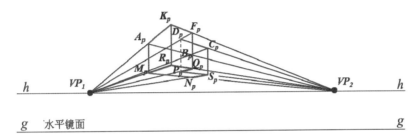

图 9-13　形体的成角透视

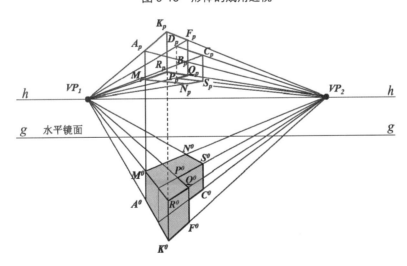

图 9-14　形体的水平镜面的虚影透视

作图步骤如下：

(1) 已知水平镜面的位置与基线 $g\text{-}g$ 重合，作出点 K_P、R_P 等距离的镜面对称点 R^0、K^0 即为其虚影点的透视位置。

(2) 因虚影透视与形体的透视共灭点，则连接 R^0VP_1、K^0VP_1、R^0VP_2、K^0VP_2，确定 K_PA_P、R_PM_P 的透视方向。

(3) 延长 A_PM_P 与 R^0VP_1、K^0VP_1 分别交于 M^0、A^0 即为点 M_P、A_P 的虚影。用同样的方

法可作出其他点的虚影，依次连接各个虚影点即可求出该形体的虚影透视图，如图 9-14 所示。

例题 9-3：如图 9-15 和图 6-16 所示，已知组合体的成角透视，求其在水平镜面中的虚影透视。

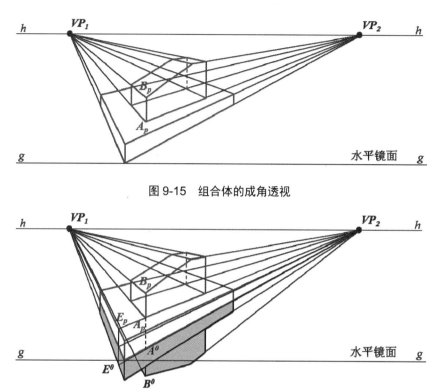

图 9-15 组合体的成角透视

图 9-16 组合体在水平镜面中的虚影透视

作图步骤如下：

(1) 将组合体的底部平台等距对称，分别消失于两个灭点。

(2) 将 C_PA_P 延长得到交点 E_P，并求其对称点 E^0 即为点 E_P 的虚影，连接 E^0VP_2，并过 A_P 作竖直线交于 E^0VP_2 即得 A_P 的虚影 A^0。

(3) 过点 A^0 向下作等距的 B^0，使 $A^0B^0=A_PB_P$，即可确定点 B_P 的虚影，用同样的方法即可求出其他点的虚影，然后依次连接各个虚影点，就求出了该组合体的虚影透视图，如图 9-16 所示。

9.2.2 平行于画面的竖直镜面中虚影透视的绘图方法

例题 9-4：如图 9-17 所示，已知形体物的平行透视，求其在平行于画面的竖直镜面中的虚影透视。

作图步骤如下：

(1) 取 B_Pb_P 的中点 M_P 与灭点 VP 相连，连接 B_PVP、b_PVP，b_PVP 与镜面底边的交点为 o，过 o 点竖直向上作直线与 M_PVP、B_PVP 相交，与 M_PVP 交于 O 点。

(2) 连接 C_PO 并延长与 b_pVP 交于 c^0 即为点 c_p 的虚影,过点 c^0 作 B_Pb_p 的平行线与 B_PVP 的交点 C^0 即为 C_P 的虚影。

(3) 过点 C^0 作 A_PB_P 的平行线与 D_PVP 的交点 D^0 即为 D_P 的虚影,由此可求出面 $C_PD_Pc_p$ 的虚影 $C^0D^0c^0$;

(4) 连接 B_PO 并延长与 b_pVP 交于点 b^0 即为点 b_p 的虚影,过点 b^0 向上作竖直线与 B_PVP 交于点 B^0 即为点 B_P 的虚影,连接 $B^0C^0c^0b^0$,即求出了侧面 $B_PC_Pc_pb_p$ 的虚影透视。用上述同样的方法可求出其他点的虚影 A^0、E^0、F^0,依次将各个虚影点连接起来即为该形体的虚影透视图,如图 9-18 所示。

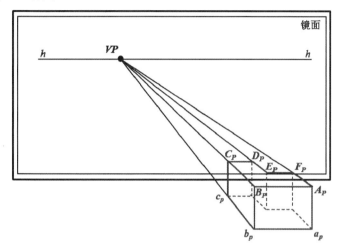

图 9-17　形体的平行透视

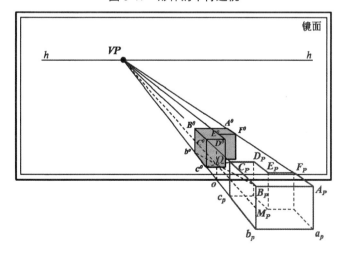

图 9-18　形体在平行于画面的竖直镜面中的虚影透视

9.2.3　斜交于画面的竖直镜面中虚影透视的绘图方法

1. 斜交于画面的竖直镜面中平行透视的虚影透视画法

例题 9-5:如图 9-19 和图 9-20 所示,已知形体物的平行透视和镜面的位置,求其虚影透视。

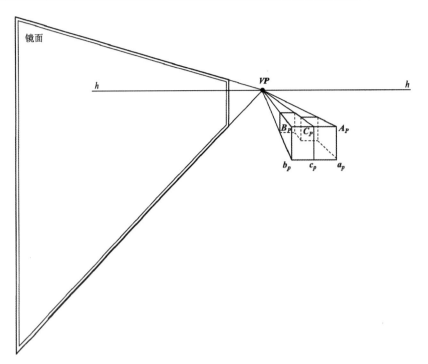

图 9-19 形体的平行透视

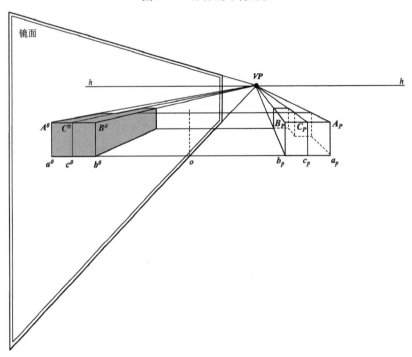

图 9-20 形体在倾斜竖直镜面中的虚影透视

作图步骤如下：

(1) 过点 b_p 作视平线 $h\text{-}h$ 的平行线与镜面底边交于点 o，并延长使 $b_po=b^0o$。

(2) 过点 b^0 作面 $A_PB_Pb_pa_p$ 等大的对称面 $A^0B^0b^0a^0$，点 A^0、B^0、b^0、a^0 即为点 A_P、B_P、

b_p、a_p 的虚影点,然后连接 A^0VP、B^0VP、b^0VP 即可确定形体棱线的虚影透视方向。

(3) 用上述同样的方法作出其余各点的虚影,如图 9-20 所示。

2. 斜交于画面的竖直镜面中成角透视的虚影透视画法

例题 9-6: 如图 9-21 和图 9-22 所示,已知形体的成角透视和镜面位置,求其虚影透视。

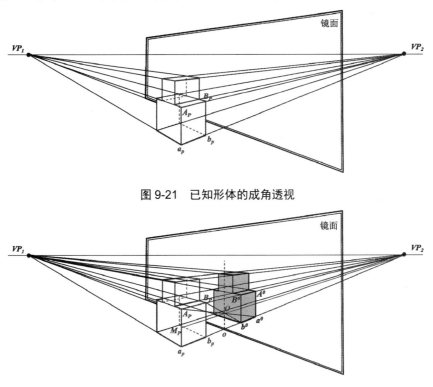

图 9-21　已知形体的成角透视

图 9-22　形体在倾斜竖直镜面中的虚影透视

作图步骤如下:

(1) 连接 a_pVP_2 与镜面底边的交点为 o,过点 o 向上作竖直线与 A_PVP_2 相交。

(2) 取 A_Pa_p 的中点为 M_P,并连接 M_PVP_2 与过点 o 所作的竖直线交于点 O,连接 B_PO 并延长与 a_pVP_2 交于点 b^0 即为点 b_p 的虚影,然后过点 b^0 向上作竖直线与 A_PVP_2 的交点就是 B_P 的虚影 B^0。

(3) 连接 A_PO 并延长与 a_pVP_2 交于点 a^0 即为点 a_p 的虚影,然后过点 a^0 向上作竖直线与 A_PVP_2 的交点就是 A_P 的虚影 A^0;利用形体透视与虚影透视共灭点的特性,用上述同样的方法即可求出其余各点的虚影,依次连接点的虚影就求出了该形体的虚影透视,如图 9-22 所示。

9.2.4　斜交于地面而又垂直于画面的镜面中虚影透视绘图方法

例题 9-7: 如图 9-23 和图 9-24 所示,已知长方体在室内地面上的平行透视,求其在斜交于地面而又垂直于画面的镜面中的虚影。

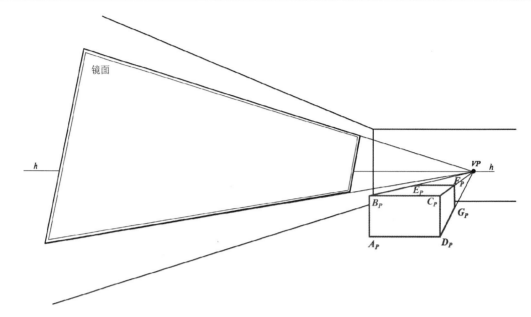

图 9-23 长方体在室内地面上的平行透视

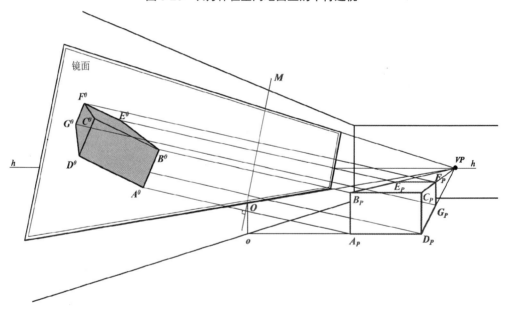

图 9-24 长方体在倾斜镜面中的虚影透视

作图步骤如下:

(1) 已知该长方体的下底面在地面上,即点 A_P、D_P、G_P 在地面或基面上(若不在地面或基面上,则要作其基面上的投影),过点 A_P 作视平线 h-h 的平行线与墙角线交于 o 点,如图 9-23 所示,再过 o 点竖直向上引垂线与镜面下底边交于 O 点。

(2) 过 O 点作左右镜框的平行线 OM,将 OM 作为对称轴。

(3) 过点 A_P 作对称轴 OM 的垂线,以确定点 A_P 的虚影 A^0 到 OM 的距离与点 A_P 到 OM 的距离相等;

(4) 用同上的方法作出点 B_P、C_P、D_P、E_P、F_P、G_P 的虚影 B^0、B^0、C^0、D^0、E^0、F^0、G^0，然后依次连接各虚影点，即可求出该长方体在倾斜镜面中的虚影，如图 9-24 所示。

例题 9-8：如图 9-25 和图 9-26 所示，已知长方体的成角透视和倾斜镜面的位置，求出该长方体在镜面中的虚影透视图。

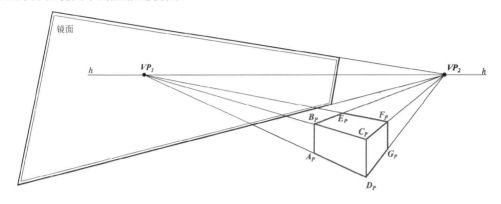

图 9-25　长方体的成角透视和倾斜镜面的位置

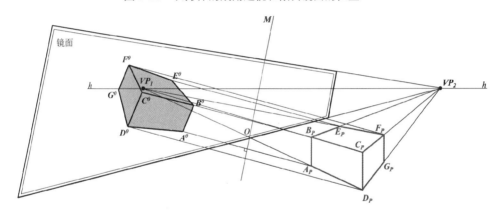

图 9-26　长方体在倾斜镜面中的虚影透视图

作图步骤如下：

(1) 已知该长方体下底面和镜面下底边都在地面(或基面)上，所以不需要作出该长方体在地面(或基面)的投影。

(2) 过 $A_P VP_1$ 与镜面底边的交点 O 作镜框左右两边的平行线 OM，作为实物与虚影的对称轴。

(3) 过点 A_P 作对称轴 OM 的垂线，以确定点 A_P 的虚影 A^0 到 OM 的距离与点 A_P 到 OM 的距离相等。

(4) 用同上的方法作出点 B_P、C_P、D_P、E_P、F_P、G_P 的虚影 B^0、B^0、C^0、D^0、E^0、F^0、G^0，然后依次连接各虚影点即可求出该长方体在倾斜镜面中的虚影，如图 9-26 所示。

9.3 虚影透视的应用案例

本节引言

虚影透视表现在设计中能够美化画面，给设计图带来逼真的视觉效果。通过上述对虚影透视的介绍和解析，使读者更加深入地了解透视，拓展透视的空间概念，理清视觉现象与光线之间的关系。

虚影在日常生活中非常普遍，它的透视应用更多地用来烘托空间氛围，设计师或画家利用虚影能够将自己的情愫蕴含于作品中，同时虚影透视本身也是用来充实和丰富空间场景的，使整幅作品显得更加开阔，营造出不寻常的视觉感受。

图 9-27 所示为湖州喜来登温泉度假酒店——月亮酒店，该酒店由世界知名建筑大师 MAD 的马岩松先生主创设计，结合世界上最前卫的设计理念，融入湖州水墨文化气息，力创中国最具标志性的顶级"奢适"酒店。该建筑结合水中的倒影形成"8"字造型，具有中国传统文化象征意义，充满了艺术灵气和文化底蕴。

如图9-28所示，汽车在光滑地面上的虚影及其透视效果更加衬托出该车的豪华与气派，丰富了整个车辆所处的环境。

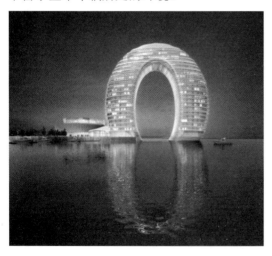
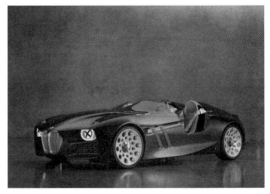

图 9-27　湖州喜来登温泉度假酒店——月亮酒店　　　图 9-28　汽车在光滑地面上的倒影

图 9-29 所示吹制出来的玻璃工艺品，有了其在桌面上倒影的烘托，使整个作品具有更多的艺术审美效果，给人更广阔的遐想空间。

图 9-30 所示为一款高档腕表在表现空间中的虚影。腕表在虚影场景的衬托下，显得更加真实，画面更加丰富。

图 9-31 所示为画家列维坦的作品《春讯》，画中的小树林在河水的倒影下显得更加茂盛和生机勃勃，预示着春天的来临，倒影手法的应用使整个画面更加丰富、充实。

第9章 虚影透视

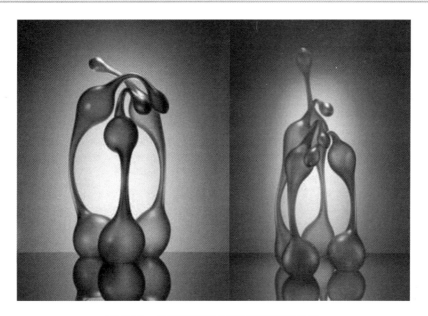

图 9-29　吹制出来的玻璃工艺品倒影效果

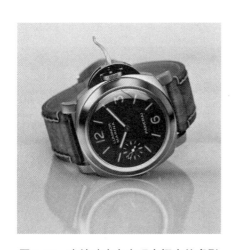

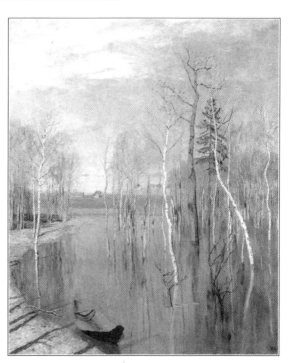

图 9-30　高档腕表在表现空间中的虚影　　　　图 9-31　列维坦的作品《春讯》

　　图 9-32 是一幅风景画写生。树木和凉亭在水中的倒影丰富了画面的内容，使画面的下部显得不那么空洞，使整个画面更加饱满而又具有虚实相间的层次感。

　　图 9-33 所示的是虚影在工笔画中的应用，给水中的鸳鸯赋予了生命，充满了灵性，使画面更加丰富、真实，给人一种身临其境之感，好像我们就在水边细看鸳鸯在水中自由自在地游弋。

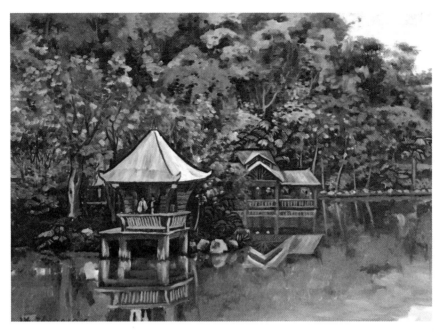

图 9-32　风景画写生

在图 9-34 中,圆球形不锈钢镜面材质将空间进行了视觉延展,体现了广角而又陆离的视觉印象,极具趣味性。

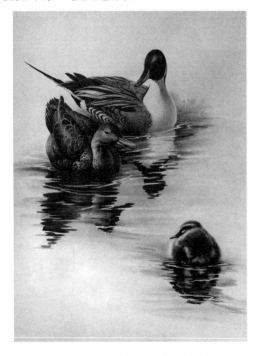

图 9-33　工笔画——水中鸳鸯

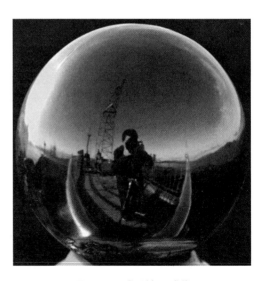

图 9-34　球形镜面成像

图 9-35 所示的油画作品通过镜子的成像丰富了画面内容,使空洞、单调的画面背景变得充实起来,增加了艺术感染力。

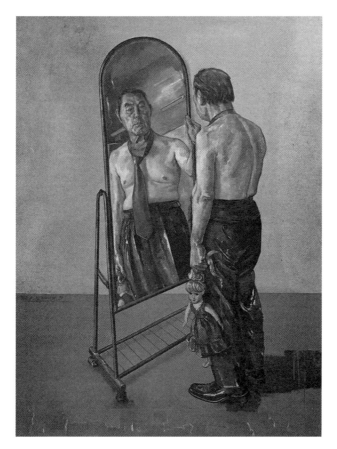

图 9-35 油画作品《镜中人》

思考与练习

1. 什么是虚影透视？
2. 虚影透视的形成原理是什么？
3. 简述几种虚影透视的绘图方法。
4. 请绘出下面几种不同位置镜面中形体的虚影。

(1) 已知下面形体的成角透视和镜面位置，请绘制出该图的虚影。

① 请绘制出下面形体在水平镜面中的虚影透视图。

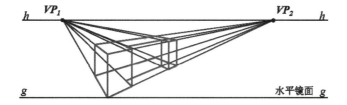

② 请绘制出下面形体物在竖直镜面中的虚影透视图。

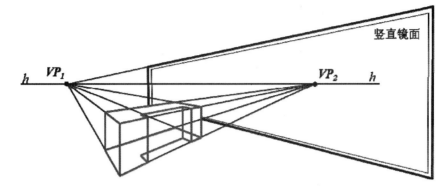

③ 请绘制出下面形体物在倾斜镜面中的虚影透视。

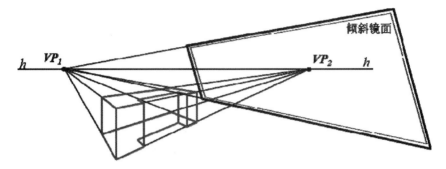

(2) 已知下面形体的斜透视和镜面位置，请绘制出该图的虚影。
① 请绘制出下面形体斜透视在水平镜面中的虚影透视图。

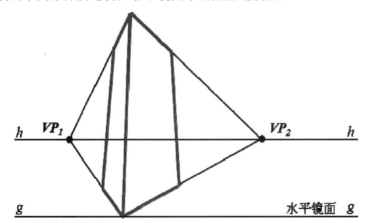

② 请绘制出下面形体斜透视在竖直镜面中的虚影透视图。

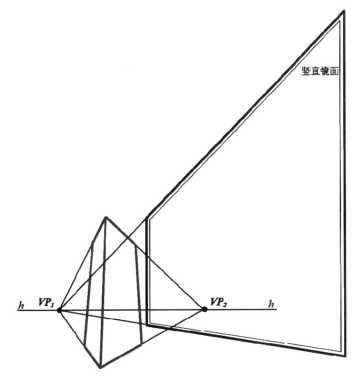

③ 请绘制出下面形体斜透视在倾斜镜面中的虚影透视图。

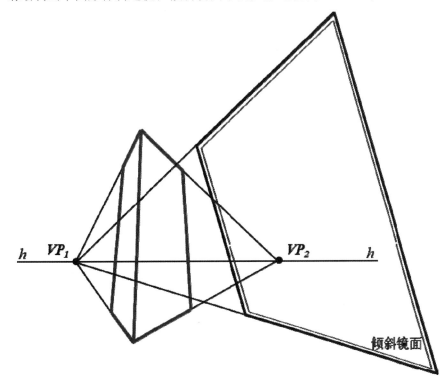

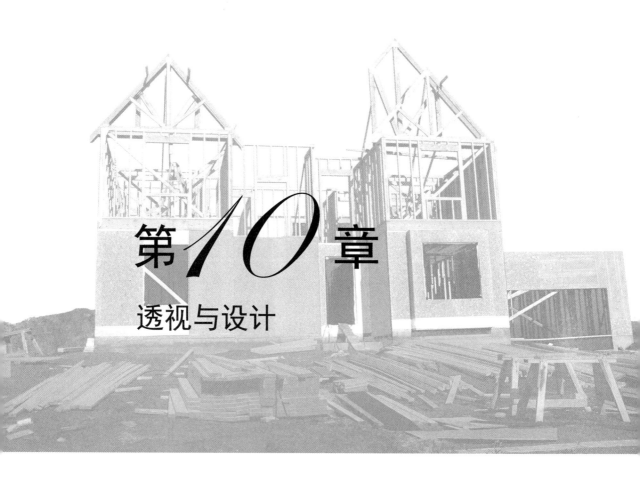

第 10 章 透视与设计

本章学习要点

- 透视的应用领域
- 透视与设计的关系
- 设计透视的特点
- 设计中应用透视的意义
- 透视与未来设计

本章要求和目标

- 要求：掌握透视与设计的关系、设计透视的特点。
- 目标：在设计中养成有意识地应用透视规律的习惯，经过不断地练习，学生对透视的敏锐感觉会与日俱增，设计表达效果会更加趋于严谨和美观。

课时安排

2 课时。

第 10 章 透视与设计

本章引言

本章重点探讨透视与设计之间的关系、设计透视的特点以及未来设计透视的发展方向。理解了透视在设计中的作用和意义之后，才能更好地表达自己的设计理念。

10.1 设计透视缘起

本节引言

设计透视规律应用于各类设计和美术专业，设计师必须懂得透视规律才能更好地表达自己的设计理念。在设计作品中运用透视既能体现艺术美感又具有科学的严谨性，使设计作品能更好地体现出艺术效果。

10.1.1 透视的应用学科领域

透视学最早应用于绘画领域，它的发展与绘画紧密相连，后来透视也逐渐应用于设计领域，在当代设计行业里，透视应用在设计素描、设计表现技法、平面设计、产品设计表现、建筑设计、园林景观设计、城市规划设计等学科领域。

10.1.2 透视与绘画、设计之间的关系

透视是绘画和设计专业相互交叉应用的一种表现技法，是视觉艺术领域中的技法理论学科，在应用于绘画、建筑设计方面有较长的历史，体现出了科学与艺术的结合关系，设计表现需要绘画和透视理想结合才能体现出艺术效果，图 10-1～图 10-8 为达·芬奇的绘画和设计作品。

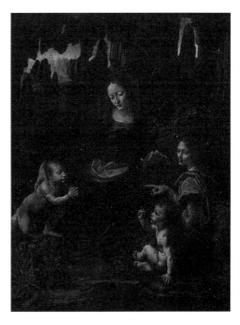

图 10-1 达·芬奇的《岩间圣母》，远景与人物之间的透视关系

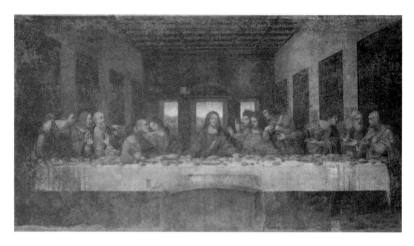

图 10-2　达·芬奇的《最后的晚餐》，室内空间和人物之间的透视关系

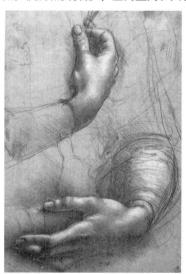

图 10-3　达·芬奇的《手》，两只手之间的透视关系

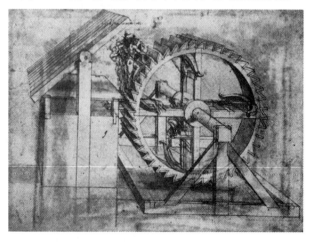

图 10-4　达·芬奇的工业产品设计手稿 1

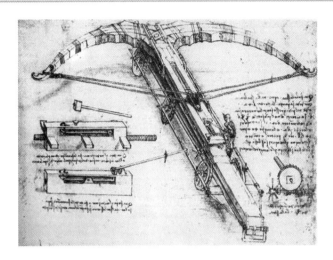

图 10-5　达·芬奇的军用产品设计手稿 2

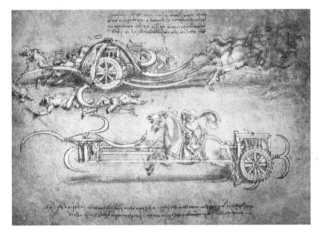

图 10-6　达·芬奇的《镰刀战车》设计手稿 3

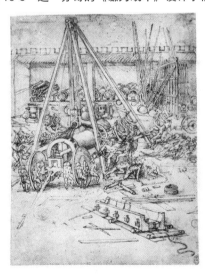

图 10-7　达·芬奇的工业产品设计手稿 4

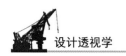

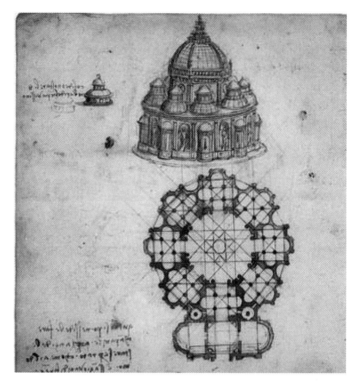

图 10-8　达·芬奇的建筑设计手稿 5

10.2　应用透视的意义

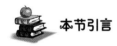 **本节引言**

对于设计专业的学生而言,学习透视规律、透视的特点和应用方法是非常重要的,学好透视能帮助我们更好地表达设计方案效果,起到美化产品和辅助交流的作用。

10.2.1　设计透视的特点

设计透视就是设计对透视原理的应用,对设计起到辅助、矫正、预览的作用。透视学在设计上的应用要符合设计自身的属性特点,主要体现在以下几个方面。

1. 学科专业独特性

在设计中,透视不仅仅是表现空间关系的规律和原则,而且在设计过程中以至最后的效果展示中,它都具有自己专业设计表现的独特性,能够表现出设计作品的材质、色彩、造型、肌理、风格等属性特征,如图 10-9~图 10-14 所示。对于不同的设计学科,有不同的设计透视表现特点。

第 10 章 透视与设计

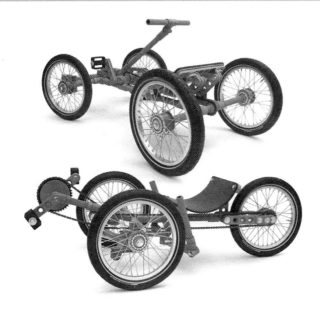

图 10-9 工业产品设计透视表现效果图 1

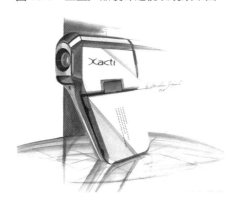

图 10-10 工业产品设计透视表现效果图 2

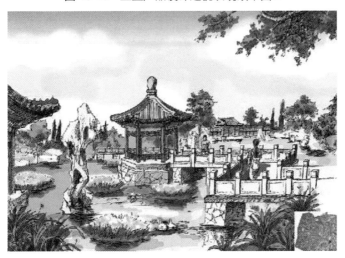

图 10-11 园林景观设计表现效果图

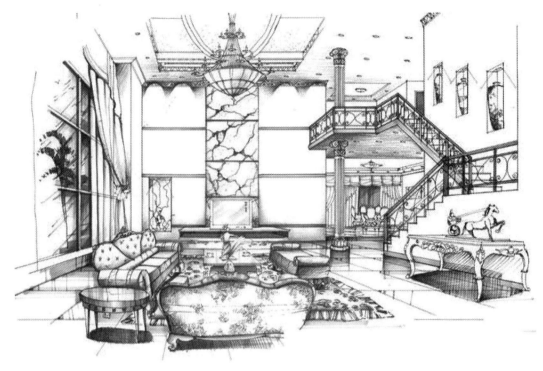

图 10-12 室内设计表现效果图

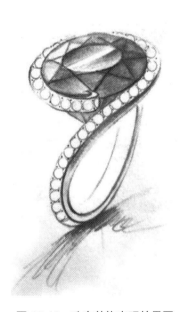

图 10-13 珠宝首饰表现效果图

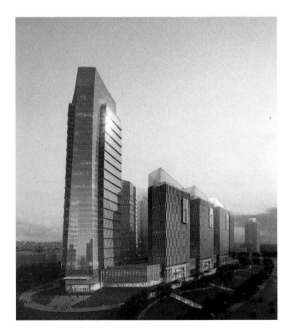

图 10-14 建筑设计表现效果图

2. 客观规律性

设计透视表现遵循自然科学和人的视觉变化规律，对表现物的说明做到直观、准确，符合近大远小、近高远低的视觉体量变化，不允许发生透视变形、失真等现象，避免主观臆断地凭感觉应用透视规律。

3. 真实合理性

设计透视与一般绘画表现不同，设计透视图中更重的是对表现物的客观真实反映，应把科学的真实性和合理性放在重要位置，而将个人情感置于次要地位。

4. 概念前瞻性

设计透视是对未来概念的构想，表现的是不存在的物品，是设计师记录瞬间灵感的有效表达手段，清晰地表达出设计思路，因此它具有前瞻性。

5. 表达严谨性

设计透视图表达结构严谨，需要借助于工具完成设计工作，它不同于一般较随意的绘画对绘图工具的摒弃，而设计透视追求图面的准确和精细，要求尽可能地使用绘图工具辅助完成设计。

10.2.2 设计中应用透视的意义

设计是把一种计划、规划、设想通过视觉的形式传达出来的活动过程。设计是造物活动进行预先的计划，而设计透视图就可以把这一计划表达出来，它对设计的产生和发展具有推动性和决定性的意义。

(1) 预览设计概念，展现并分析设计的合理性。

应用透视既可以在设计的过程中对设计成果进行分析和矫正，也可以为与人的沟通和交流提供快捷的平台。

(2) 真实地表达物体的空间体量感和真实感。

通过对透视的深入了解，会对视觉现象有正确的理解，长期反复地应用透视，能够锻炼空间想象能力，从而更加真实地表现设计概念。

(3) 有助于设计方案的实施。

设计的目的是为了造物，为人所用。在设计方案中应用透视便于设计者实施设计方案，如工程图中的三视图和透视图之间的转换就是以透视原理为基础的，使复杂的概念化的方案得到精确实现。图 10-15 和图 10-16 所示为三视图与透视图之间的转换效果。

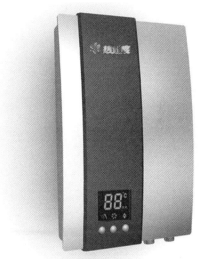

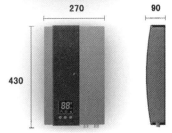

图 10-15　热水器设计图

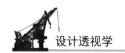

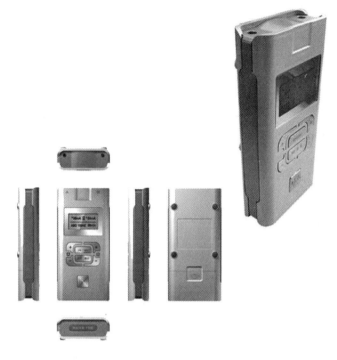

图 10-16　数码产品设计图

10.3　透视与未来设计

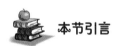

　　设计在发展，透视的规律和特点也会随之发生变化，学习透视可以让我们更好地把握设计表现效果和设计理念，它的发展需要我们在设计中不断地总结透视规律和透视的发展趋势。

　　随着审美观念的不断变化，人们对透视的理解和应用也越来越复杂，审美观念和科技水平在无形当中推动着透视的发展，未来透视课程也必将更加趋于微观，更具有针对性和实践性。

　　纵观透视学的发展历史，透视的发展经历了由模糊到清晰再到模糊的过程，也就是由感性到理性再到感性的实践过程。人们审美观念和生活观念的改变正是透视发展的推动力，促使透视向未来的设计方向改进。但是，无论未来的设计怎样发展，都脱离不了透视规律的相辅相成，图 10-17～图 10-23 所示的未来概念设计方案的透视应用——扎哈·哈迪德设计作品以及图 10-24～图 10-27 所示的未来产品的设计方案表现效果均遵循透视规律。未来的透视向怎样的方向发展，在短期内还不能给出标准答案，不过，遵循前期所研究的透视规律和透视类型的成果支持，每个人都可以思考、寻找未来透视发展之路。

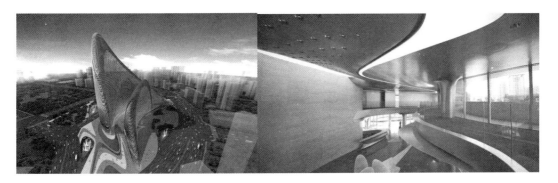

图 10-17　扎哈·哈迪德设计的建筑 1——望京 Soho

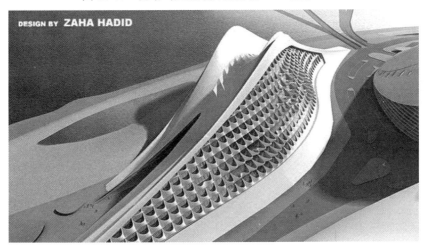

图 10-18　扎哈·哈迪德设计的建筑 2

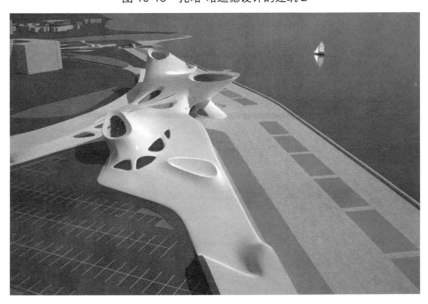

图 10-19　扎哈·哈迪德设计的建筑 3

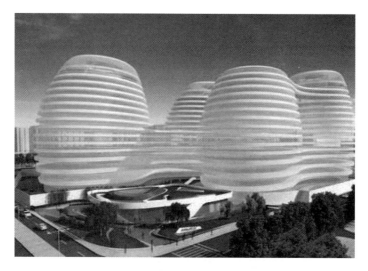

图 10-20　扎哈·哈迪德设计的建筑 4

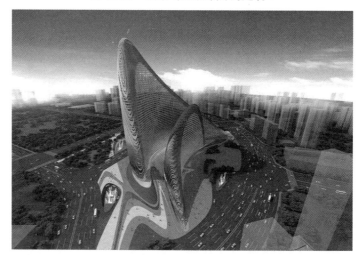

图 10-21　扎哈·哈迪德设计的建筑 5

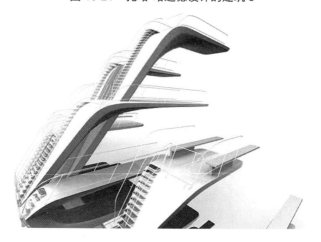

图 10-22　扎哈·哈迪德设计的建筑 6

第 10 章　透视与设计

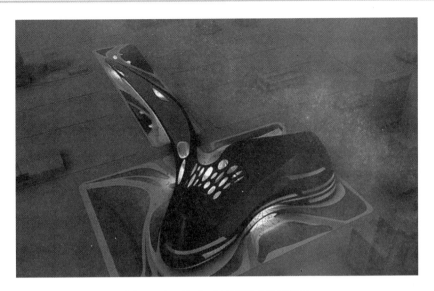

图 10-23　扎哈·哈迪德设计的建筑 7

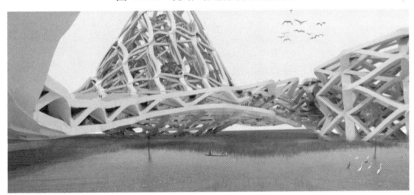

图 10-24　未来城市景观设计方案 1

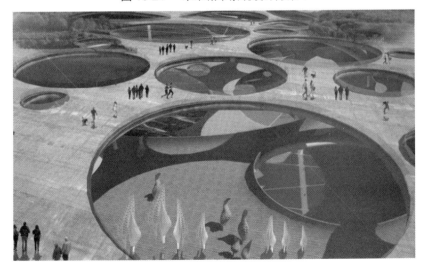

图 10-25　未来城市景观设计方案 2

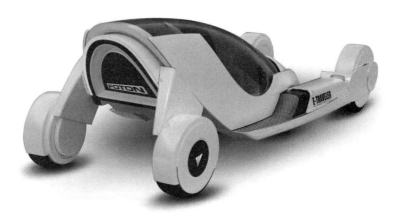

图 10-26　未来交通工具设计方案 1

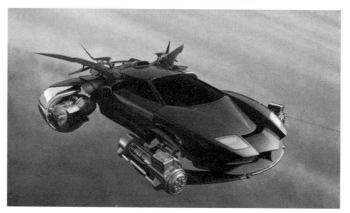

图 10-27　未来交通工具设计方案 2

思考与练习

1. 请思考透视对构图有什么影响。
2. 什么是设计透视？
3. 设计透视的特点和意义是什么？
4. 根据生活中所见的透视现象，请深入思考未来设计对透视的应用。

参 考 文 献

[1] 滕翔宇,李鹏,王宏火,王一婷. 透视学[M]. 北京:中国青年出版社,2013.
[2] 冯阳. 设计透视[M]. 上海:上海人民美术出版社,2009.
[3] 朱育万,钱承鉴. 阴影与透视[M]. 北京:高等教育出版社,1991.
[4] 邓学雄,太良平,梁圣复,周佳新. 建筑图学[M]. 北京:高等教育出版社,2007.
[5] 黄红武,王子茹. 现代阴影透视学[M]. 北京:高等教育出版社,2004.